札幌むかし写真帖

北海道新聞社【編】

札幌駅前の様子（1975 年、北海道新聞社所蔵）

【目次】

第1章　駅かいわい

第2章　まちの変遷

第3章　市民の暮らし

1908年（明治41年）落成の3代目札幌停車場。撮影は昭和初期（函館市中央図書館所蔵）

第1章
駅かいわい

第1章 駅かいわい

JR札幌駅

ハイカラな街の玄関

街の玄関に当たる鉄道の駅と、その前に広がる街並みは都市の発展とともに大きく変わり続けます。もちろん札幌も例外ではありません。

札幌駅は1880年（明治13年）、北海道初の鉄道・幌内鉄道の手宮（小樽市）～札幌の開通に伴い開業しました。本屋がわずか11坪の簡素な仮駅舎だったため、翌年、2代目駅舎（写真❷）を新築、1882年（明治15年）1月に開業します。札幌の人口がまだ1万人に満たない時代でした。

2代目駅舎が火災で西側半分を焼失し、1908年（明治41年）にルネサンス様式の3代目駅舎（写真❶）が完成。

❶ 1908年（明治41年）に完成したルネサンス様式の3代目駅舎。延べ面積は約2700平方メートルで2代目駅舎の3倍以上。撮影は1936年（昭和11年）ごろ。現在は北海道開拓の村（厚別区）に復元されている（札幌市公文書館所蔵）

❷ 1901年（明治34年）に皇族が来札した折に撮影された札幌駅の写真。背後に建つのが2代目の駅舎（札幌市交通局所蔵）

木造2階建てで、札幌を代表するハイカラな建造物として話題になりました。

　この年、札幌の人口は7万人を超え、駅前には旅館や飲食店が立ち並びます。札幌西武の前身である「五番館」は、札幌初の百貨店として1906年（明治39年）に開業、駅前の老舗百貨店として長年親しまれました。駅前と中島公園を結ぶ路面電車の開通は1918年（大正7年）。このころから駅前は、繁華街のにぎわいを少しずつ見せ始めました。

　写真❸は大正後期に撮影されたと思われる駅前の様子です。右手のドームのある建物は鉄道管理局庁舎。その左側に見える西4丁目角地の2階建てが静岡屋旅館。南側には3代目駅舎の建築を手がけた伊藤組（現在の伊藤組土建）の社屋。この二つの建物の間には、10年ほど前まで駅前で土産物店を営業していた加藤

3

大正後期と思われる札幌駅前。右側の鉄道管理局庁舎、西4丁目角地の静岡屋旅館、その南側の伊藤組社屋など、当時は洋風の趣のある建物が多かった（札幌市中央図書館所蔵）

1947年に撮影された札幌駅。駅前にあった緑の鉄道公園が完成した（北海道新聞社所蔵）

4

1952年撮影、開業したばかりの4代目駅舎。1965年には5階建てに増築され、外壁の色も青系に変わった（札幌市公文書館所蔵）

物産館があります。駅前通りをはさんだ西3丁目側の角地は「内国通運」、その奥には食堂を挟み五番館の文字も見えます。ニセアカシアの並木と多くの洋風建物。当時の駅前がモダンな街並みだったことが分かります。

戦後の1952年、4代目駅舎（写真❹）が開業します。地下1階地上4階建ての鉄筋コンクリート造り。地下にはステーションデパートと呼ばれる商店街や映画館も開業、商業施設と複合した新しいタイプの駅舎でした。当時の人口は約33万人。このころになると戦後の混乱から立ち直り、人も街も明るさを取り戻しています。写真❺は1956年の駅前の夜景。左側に写る日産火災海上（損保ジャパンの前身会社の一つ）のビルの隣はパチンコ店で、ネオンの輝く街へと変わっていったのです。

写真❻は1958年ごろの

1962年ごろに撮影された札幌駅前通りの様子。三角屋根の建物とビルが並ぶ。大通公園の間を市電が走る（北海道新聞社所蔵）

駅前の風景です。この時期から駅前通りではビルの新築ラッシュが始まり、景観はめまぐるしく変化していきます。西4丁目側の加藤物産館、伊藤組、ケーキ作りで札幌のパイオニアだった洋菓子のニシムラなどは、後にそれぞれビル化されています。その奥で建設中なのは札幌日興ビル（旧ビル）。西3丁目側では五番館デパートの改築が進んでいます。

写真❼は1969年に撮影された駅前通り。市電が乗客で混み合っている様子が分かります。1970年に札幌の人口は100万人を超えました。急増する住民は郊外に住まいを求め、市電やバスが都心部に入る重要な交通手段となりました。1972年には冬季オリンピック大会が開催され、これを機に地下鉄南北線が開通、札幌駅前を走る市電はその役割を終えます。

5

1956年1月1日の北海道新聞に掲載された札幌駅前の夜景。写真説明は「明るく夜空に輝くネオンの洪水」

6

1958年に撮影された駅前通りの景観。西3丁目側では五番館デパート、西4丁目側では札幌日興ビルの建設が進んでいる。低層階の建物もその後、ほとんどがビル化されるなど、このころから建設ラッシュが始まった（札幌市公文書館所蔵）

7

次々と電停に向かう市電や多くの乗客で混み合う札幌駅前。1969年2月25日の北海道新聞に掲載。3年後の1972年に地下鉄南北線が開通し、駅前通りの市電は役割を終えた

札幌駅前の
商業施設

五番舘、そごう消え 巨塔出現

札幌の２大商業地は、札幌駅前エリアと大通エリアといわれています。集客力や売り上げで長く先頭を走っていた大通エリアに対し、少しずつ追い上げ、いまや肩を並べたともいわれる駅前エリア。集客力を高めた一つのきっかけは、１９７０年代に始まった本州資本による、百貨店の相次ぐ駅前進出でした。

札幌初の百貨店は１９０６年（明治39年）、駅前の北４西３で創業した五番舘です。写真❶は１９５４年ごろに撮影された赤れんが造りが印象的な２階建て店舗の全景です。１９５８年には地上６階地下３階建てにビル化、１９７２年には東側に８階建

❶

赤れんが２階建ての五番舘。1954 年ごろの撮影。1906 年（明治 39 年）の創業後、五番舘の店名は 90 年間にわたって道民に親しまれた（札幌市公文書館所蔵）

地上６階地下３階建てにする工事が行われている五番舘本店（１９５８年、北海道新聞社所蔵）

ての新館を増築しています（写真❷）。増築は次に述べる東急百貨店の進出も見すえたものでした。

　1972年に札幌冬季オリンピック大会が開催。前年の1971年、地下鉄南北線が開通します。これによって札幌の街も人の流れも大きく変わります。それを商機と見たのが東京の東急百貨店。1973年、北4西2にさっぽろ東急百貨店をオープンします（写真❸）。

　さらに1978年、札幌駅南口広場のバス、タクシー、自家用車などによる交通混雑を解消しようと、北5西2に札幌ターミナルビル（愛称エスタ）が完成。バスターミナル、駐車場などを併設する地上10階、地下3階建てのビルのキーテナントとして入居、オープンしたのが札幌そごうでした（写真❹）。

　そごうは当時、大阪が本店の百貨店で、全国展開を急速

❷

増築工事の完成が間近な五番館。1972年8月の撮影。西武百貨店と提携し「五番館西武」と名称を変えた際にはA館、「札幌西武」に変えた際には西武館と呼ばれた時期もある（札幌市公文書館所蔵）

❸

1973年に開業したさっぽろ東急百貨店のオープニングセレモニー。駅前の百貨店としては、五番館に次ぎ2番目の出店となった（札幌市公文書館所蔵）

❹

札幌そごうは1978年に開業。オープン初日、人波が切れることはなく、入店者数は28万人と発表された（札幌市公文書館所蔵）

に進め、業界では注目の存在でした。これら三つの百貨店が激しい商戦を繰り広げるなかで、駅前エリアの商業地としての魅力は大きく向上したのです。

一方、商戦が激しさを増したのは駅前周辺だけではありません。1952年に4代目の札幌駅舎が開業した際、地下に札幌ステーションデパートがオープンします（写真❺）。さらに、札幌駅ではその後も駅と直結した商業施設が次々と誕生します。

まず1972年。前年に開通した地下鉄南北線のさっぽろ駅と接続するエリアに「札幌駅名店街」が誕生（写真❻）。1978年にはターミナルビルの完成に伴い駅と接続するエリアにエスタ1番街、2番街。1988年に札幌駅は高架駅として第1次開業を迎えますが、その高架下を利用してパセオが誕生します。さらに、1999年には、「ステー

5

札幌ステーションデパートの売り場風景。1958年12月31日の北海道新聞に掲載。日本髪用品を扱っていることが時代を感じさせる。当初は照明も暗く空調もなく、厳しい環境での営業だったというが、駅と一体化した利便性は大きなメリットで、市内有数の地下商店街として定着

6

地下鉄駅との接続エリアに1972年、オープンした「札幌駅名店街」。地下1階の大フロアには52の店舗が並び、買い物客が押し寄せた。オープン初日の3月25日の北海道新聞に掲載

ションデパート」「札幌駅名店街」「エスタ2番街」の三つの地下商店街を統合して大改修、アピアとしてリニューアルオープン。

そして、2003年にJRタワーが開業。札幌ステラプレイスや百貨店の大丸札幌店などと一体化した大型複合商業施設の出現で、商業地としての優位性は決定的なものになったといえます（写真❽）。

ただ、商業地として力をつけた駅前エリアのなかでも明暗を分けています。競争の激化やバブル経済崩壊後の不況も影響しました。2000年には札幌そごうが民事再生法の適用を受けて撤退（写真❼）。1982年に西武百貨店と業務提携した五番舘はその後、五番舘西武、札幌西武と改称。1990年には別館もオープンしましたが、2009年に閉店。二つあった店舗も2011年に解体されてしまいました。

7

2000年に撮影された札幌駅から南側を望む景観。中央のとがり屋根があるビルは、札幌西武のロフト館。左端は、この年の12月25日に閉店した札幌そごう（北海道新聞社所蔵）

8

JRタワーが2008年に開業5周年を迎え、北海道新聞は3月5日に記事と写真を掲載。JRタワーの延べ床面積は約28万平方メートルあり、記事の見出しには「人の流れ変えた巨塔」とある

JR桑園駅

物流の街 大きく変貌

駅の北側に市立札幌病院や札幌市立大桑園キャンパス、JR北海道本社ビル。南側にはイオン札幌桑園ショッピングセンター。それらを取り囲むように立ち並ぶ多くの高層マンション（写真❻）。ここ十数年の間にJR桑園駅の周辺は一変しました。それはまさに激変といっていいものです。

写真❶は、1991年10月16日の北海道新聞に掲載された桑園駅周辺を俯瞰《ふかん》する写真です。JR函館線の高架工事が終わり新駅が開業したのは1988年11月。それから3年近く経過しているにもかかわらず、駅周辺は空き地ばかりで、何もなかったことが分かります。

❶

1991年10月16日の北海道新聞に掲載された桑園駅周辺の空撮写真。写真上部に見えるのは北大キャンパスと市内都心部。高架工事が終わり新しい桑園駅も開業しているが、空き地ばかりで、再開発が遅れているのが分かる

桑園地区は中央区の北西部に位置します。地名は、明治初期、養蚕振興のための桑畑がつくられたことに由来しますが、明治の終わりごろから住宅街として発展してきました。

1880年（明治13年）、北海道初の鉄道である幌内鉄道の札幌～手宮間が開通します。後の函館線ですが、桑園地区に駅はしばらく設けられませんでした。初めて設置されたのは1908年（明治41年）のことです。その前年に中島遊園地（現・中島公園）から、現在の札幌競馬場と同じ場所に競馬場が移設され、競馬開催日に限って仮乗降場が設けられたのが始まりといわれます。

一般駅として桑園駅が開業したのは1924年（大正13年）になってからです。1929年（昭和4年）に市電が駅前まで延伸され（1960年廃止、写真❷）、

❷

北5西15で分岐して桑園駅前まで走っていた市電桑園線の終点・駅前停留場の様子。1929年（昭和4年）の開業で1960年に廃止された。電車左側の奥に戦前から親しまれてきた木造旧駅舎の一部が見える。1960年ごろの撮影と思われる。田中和夫監修「目で見る北海道の鉄道」（北海道新聞社）から転載（一部補正）

札幌市中央卸売市場や工場の物流を担い、周辺に倉庫や問屋街、貨物ヤードができた（1970年代、北海道新聞社所蔵）

1934年（昭和9年）には桑園駅を起点とする札沼南線（現・学園都市線）が石狩当別まで開通、乗降客が増え始めました。

桑園駅が最初に大きく変わったのは戦後でした。1957年、新しい国鉄札幌駅（4代目駅舎）が完成しますが、このとき札幌駅は旅客専用駅となり、取り扱い貨物の多くが順次、桑園駅に移ることになったのです。

貨物ホームの建設や専用線、引き込み線の敷設など、桑園駅での貨物ヤードの整備は1955年ごろから1963年まで続く大がかりなものでした（写真❸）。この整備に伴い、1962年には場所も100メートルほど琴似駅寄りに移動し、駅舎が改築されています（写真❹）。大貨物駅となった桑園駅周辺は倉庫や問屋が増え、駅前の景観は一変していきます。

北大に近いこともあって、

3

専用線や引き込み線が縦横に走り、貨物駅への整備が進みつつあった時期の桑園駅構内。1958年5月31日の北海道新聞に掲載。貨物施設の整備は1963年まで続いた

石炭や農産物などの輸送基地だった桑園駅。写真は桑園駅の石炭置き場（1956年、北海道新聞社所蔵）

駅周辺には当時桑園予備校、札幌予備学院という札幌の二大予備校があり、桑園は「物流と予備校生の街」と呼ばれました。

しかし、貨物駅としての役割は意外と短期間でした。貨物輸送の主役が鉄道からトラックへ交代したことが要因です。桑園駅の貨物取扱量は1963年をピークに下降線をたどり、1978年の函館線高架工事着工に伴い、貨物取り扱い自体が廃止に。広い貨物ヤードの施設も次々撤去されました。

1980年、桑園駅前に国鉄（当時）の関連会社によって桑園自動車学校が開校します。撤去された貨物ヤードの一部を教習コースに利用したものでした（写真❺）。しかし、他の空き地の再開発はなかなか進まず、ようやく本格化したのは1992年、市立病院の新築工事が着工して以降でした。

4 1962年6月、貨物ヤードの整備に伴い場所を約100メートル琴似駅寄りに移動し、改築されたブロック造りの桑園駅の駅舎（北海道新聞社所蔵）

5 1983年6月に東側から撮影した桑園駅周辺の様子。線路の左側に自動車学校の教習コースが見える。右側の空き地には1995年、市立札幌病院と札幌市立大桑園キャンパス（当時は市立高等看護学院）が建設された（札幌市公文書館所蔵）

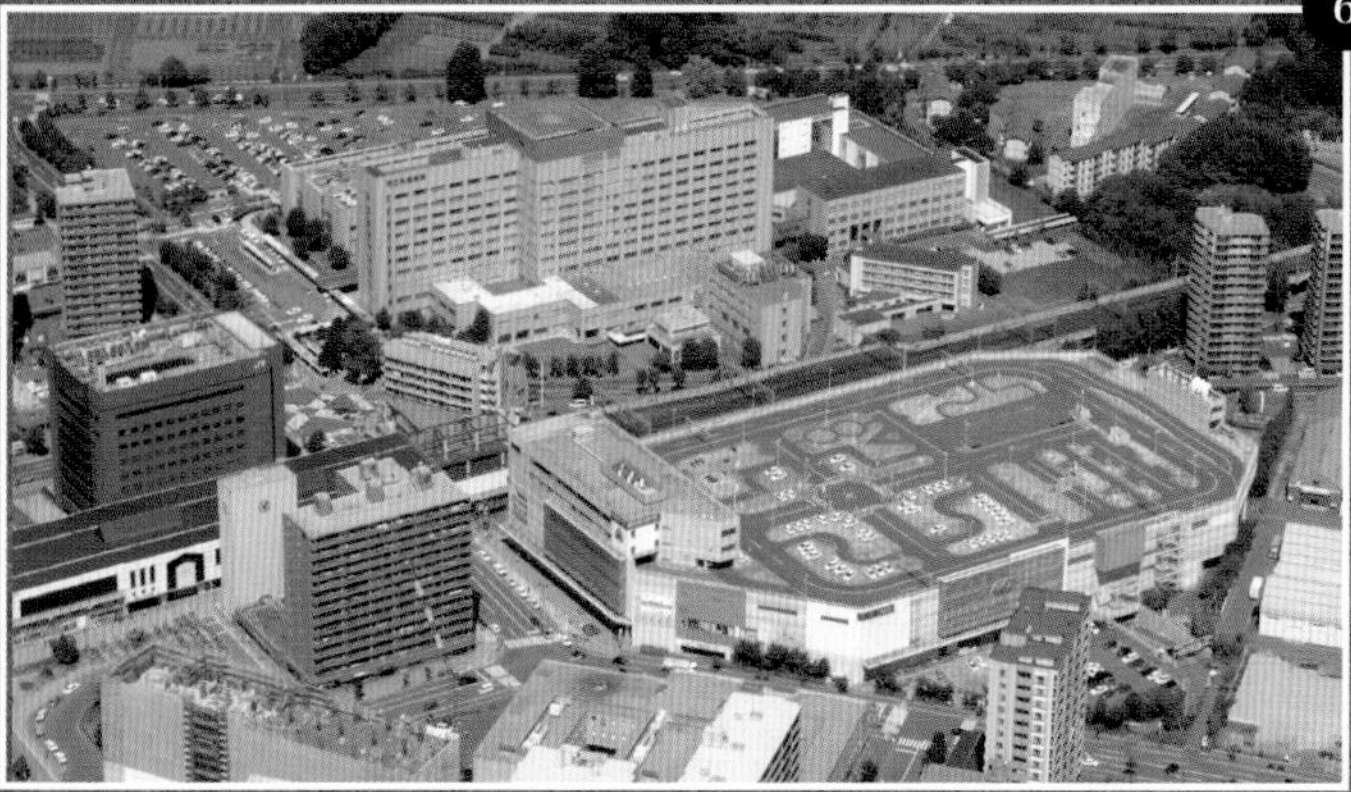

6 再開発が進み、商業施設が立ち並んだJR桑園駅周辺。桑園自動車学校は、イオン桑園ショッピングセンターの屋上に移設された（2012年、北海道新聞社所蔵）

JR琴似駅

「開かずの踏切」高架へ

「開かずの踏切」に苦しめられた記憶がある方も多いと思います。写真❶は旧国鉄（現JR）琴似駅の旧駅舎のすぐ東側にあった踏切の前で、現在の西区八軒方面に線路を渡ろうと、開くのを待っている大勢の人たちです。列車を降りてすぐの乗客たちなのでしょうか。

1957年1月22日の北海道新聞に掲載された写真ですが、当時、改札口は南側に1カ所だけでした。記事の見出しは「不便な〝尻切れホーム〟」。上りホームが短く、列車が止まると後部の車両に木製のはしごを掛けて乗客を降ろしたそうです。この間、踏切の遮断機は閉じたまま。八

❶ 1957年1月22日の北海道新聞に掲載された旧国鉄琴似駅東側の踏切の様子。写真の後ろ側にエンゼル・マークが見えるが、駅の北側には森永製菓札幌工場があった。ホームに降りるとキャラメルの甘い香りが漂ってきたという

❷ 車の渋滞が続く駅東側の踏切。撮影は1970年。この区間は1968年に電化されているが、SLがまだ走っているのがおもしろい（札幌市公文書館所蔵）

軒側からの乗客は改札口に行くこともできませんでした。

この記事が載った2年前の1955年3月、旧琴似町は札幌市と合併しています（写真❸）。琴似地区では、札幌に通勤する人たちなどの宅地化が急速に進み、琴似駅の乗降客も増え、おのずと列車本数が増加します。「開かずの踏切」が問題になったのはこのころからです。

写真❷は1970年に撮影された「開かずの踏切」の様子です。日本は車社会に突入していますから、踏切の前で自動車が大渋滞を起こしています。よく見ると線路（函館線）をまたぐ歩道橋（写真❹）があり、人はここを渡っています。さっぽろ文庫「札幌の駅」など複数の資料では歩道橋の完成を1965年としていますが、1967年3月12日の北海道新聞には「渡り初めが近い琴似駅の歩道橋」という写真と共に、1967年

❸ 琴似本通（現・琴似栄町通）で行われた旧琴似町と札幌市の合併記念祝賀街頭行進。駅東側の踏切を南に100メートルほど進んだところで撮影したと思われる。1955年3月14日の北海道新聞に掲載。合併によってベッドタウン化が進み琴似駅の乗降客も大幅に増えた

1961年、琴似本通の駅前付近の様子（北海道新聞社所蔵）

3月に利用開始という記事が掲載されています。

　函館線の札幌～琴似間の「開かずの踏切」問題の解決に向け、1978年、琴似駅の手前（発寒川左岸）から札幌駅の先（東9丁目）までの間を高架とする工事が始まりました。しかし、その間も車の台数は急増。1980年代は、北海道新聞に「開かずの踏切」の記事が何度も載り、「朝はうまくいって30分待ち。ちょっと雪でも降ったら40、50分待ちはざら。開いている時間のほうが短い」というタクシー運転手の声も紹介されています。

　写真❺は高架工事に入った時期の琴似駅です。撮影は1983年10月。旧駅は既に解体され、写真の右側に陸橋だけが残っています。左側には工事期間中の路線、ホーム、陸橋、駅舎が完成し、実際に運用されているのが分かります。写真❻はそのほぼ1年後

4

踏切に歩道橋が設置された後の琴似駅の駅舎と東側の踏切。1972 年の撮影で、この木造駅舎が旧琴似町時代を含め、人々に最も長く親しまれた（北海道新聞社所蔵）

6

5

高架工事が進められているときの琴似駅。旧駅の南側に臨時の路線と駅舎を設けた上で、高架と新しい橋上駅の建設が進められていった様子がよく分かる。撮影は❺が 1983 年 10 月、❻が 1984 年 11 月（札幌市公文書館所蔵）

に撮影したもので、高架の部分や新しい駅となる橋上駅が姿を現しています。

工事が終わり、新駅が開業したのは1988年11月3日。これで「開かずの踏切」問題が解消しました（写真❼）。その後、駅周辺では地上30階建ての「ヴェルビュタワー琴似」（2002年完成）や、40階建ての「ザ・サッポロタワー琴似」（2006年完成）の建設など再開発が進み、それに併せてJR琴似駅も改修され現在に至っています。

※記事中の琴似駅は全て旧国鉄・JRの駅です。

❼

踏切が廃止された琴似駅横の通称「琴似東踏切」（1988年11月3日）

1978年、琴似駅東隣の茨戸街道（琴似栄町通）踏切の様子（北海道新聞社所蔵）

1986年、高架工事が完全に終わるまでは琴似駅付近での開かずの踏切問題は解消されなかった（北海道新聞社所蔵）

JR手稲駅

交通の要衝　街の象徴

旧手稲町は1967年3月に札幌市と合併、2017年に合併50周年を迎えました。手稲の中心にあるJR手稲駅は、1日平均利用者数がJR札幌駅に次いで全道第2位と、多くの人でにぎわっています。その歩みも札幌駅と並ぶ長い歴史を持ちます。

開業は1880年（明治13年）。北海道初の鉄道だった幌内鉄道の札幌～手宮間の開通と同時に、簡易停車場として置かれ、1884年に一般駅に昇格しました。当時の駅名は軽川《がるがわ》駅。現在の手稲本町周辺の旧名が「軽川」だったことによります。この駅名は1952年に手稲駅と改称されるまで親しまれていまし

1　1934年（昭和9年）、新築後間もない2代目駅舎。線路側から撮影したもので丸太作りの駅舎として長く親しまれた（北海道新聞社所蔵）

た。

　写真に残る最も古い駅舎は1934年（昭和9年）に作られた2代目（写真❶）です。手稲山のパラダイスヒュッテをモデルにした丸太作りの駅舎でした。ただ、手稲郷土史研究会の茂内義雄さんは複数の史料をもとに、この2代目駅舎と初代駅舎の間にもう一つ別の駅舎があったのではないか、と考えています。

　軽川駅は開業当初から札幌と小樽、石狩を結ぶ交通の要衝という性格を持っていました。しかし、人々を苦しめたのは、石狩との間の道路状況の悪さでした。多くが泥炭地や湿地だったためです。そこで1922年（大正11年）、馬車鉄道（馬鉄）の軽石《がるいし》軌道（写真❷）が敷設されました。軽川駅から花畔《ばんなぐろ》駅まで六つの駅を設け、馬鉄を走らせたのです。道路状況が改善される1935年（昭和10年）まで営業を続けました。

2

軽石軌道の客車の前で記念撮影する人々（撮影年不明）。札幌を走っていた馬鉄の中古車両を譲り受けて利用していた（小樽市総合博物館所蔵）

駅北側にあった日本石油北海道製油所。1930年（昭和5年）ごろ撮影。資源枯渇により1950年に操業休止。その後、敷地の一部に三楽オーシャン（現・メルシャン）札幌工場が建設された。現在の駅北口は再開発によって手稲区役所、西友手稲店などが立ち並んでいる（田辺徳次郎氏撮影、札幌市公文書館所蔵）

3

駅北側は1912年（明治45年）、石狩川左岸の石狩油田とパイプラインで結んだ、日本石油北海道製油所が建設されています。昭和初期に撮影された写真❸からは、タンクなどの施設が並んでいることが分かります。当時としては道内最大の石油精製施設で、駅からの引き込み線も敷かれ、生産されたガソリンや灯油が全国に輸送されました。敗戦直前には米軍の空襲で多大な損害を受けたことも記録に残っています。

　手稲山では明治中期から小規模な金の採鉱が続いていましたが、1935年（昭和10年）、三菱鉱山が本格的な開発に乗り出します。1940年（昭和15年）には東洋一ともいわれた選鉱場（写真❹）が完成、生産は飛躍的に増大します。手稲鉱山は金銀銅を含む鉱石を採掘していましたが、特に金は当時、日本一だった鴻之舞《こうのまい》金山（紋別市）に次

4

手稲鉱山の選鉱場。絵はがきとして残るもので、撮影は1940年（昭和15年）の完成直後と思われる（茂内義雄氏提供）

5

大正末期の軽川（手稲本町）市街地の家並み。軽川駅前と近くを通る軽川街道（旧国道5号）沿いから市街地は形成されていった（1968年発行の「手稲町誌・上」より転載）

ぐ生産を誇りました。鉱山周辺には社宅が立ち並び、約6千人だった手稲村の人口は約1万3千人と倍増します。

写真❺は大正末期の軽川（手稲本町）市街地です。軽川駅周辺と隣接する軽川街道（旧国道5号）沿いに商店街が形成されたのは明治の終わりごろとされています。昭和初期に入ると、日本石油北海道製油所や手稲鉱山の操業が本格化。さまざまな業種の商店も増え、製油所や鉱山関係者の利用も多かったため、当時、駅周辺には5軒もの旅館が営業していました。

そのなかで最も親しまれてきたのが船木旅館です。創業は1875年（明治8年）という歴史ある旅館で、もともとは軽川街道沿いにありましたが、軽川駅の一般駅昇格と同時に駅前に移転。以降、長い歴史を積み重ね、2000年に手稲ステーションホテルへとリニューアルしました。

1981年に改築された3代目の駅舎。橋上駅舎となって北側とつながり北口広場が開設された。写真右側にあるのは2代目駅舎で喫茶店として利用されていた。1994年撮影（手稲区役所所蔵）

2002年開業の4代目駅舎と現在の駅南口。左端の茶色い建物が手稲ステーションホテル（2017年6月2日撮影）

北24条

飛行場消え、北の繁華街に

敗戦前の1944年（昭和19年）、旧札幌飛行場に軍用機用の木製滑走路が建設されました。旧制中学校の生徒も動員され、汗だくになって膨大な分厚い板を敷き詰めました。どんな思いで作業したのでしょう——。原野に飛行場ができ、戦後は繁華街に成長した「北」の歴史は興味が尽きません。

1937年（昭和12年）4月1日、札幌と東京を結ぶ初めての定期便旅客機が、旧札幌飛行場を飛び立ちました。半官半民の日本航空輸送が運航。写真❷は、出発直前の上り第1便を撮影したものです。1940年（昭和15年）7月、無期限運休となり、わ

1947年に米軍が撮影した「旧札幌飛行場と丘珠飛行場」（国土交通省国土画像情報）。写真上側に現在の丘珠空港、下側に旧札幌飛行場の滑走路跡が見える。丘珠空港は1942年（昭和17年）に旧陸軍が農地を買収し飛行場を設置したのが始まりで、現在の正式名称は「札幌飛行場」

ずか3年余で姿を消しました。

旧札幌飛行場の場所は、現在の北区北24条以北、西5丁目以西。1927年（昭和2年）、北海タイムス社（現・北海道新聞社）が約6・6ヘクタールの土地を整備し飛行場を建設したのが始まりで、1933年（昭和8年）に約50数ヘクタールの国立飛行場が完成しました。

戦時中、飛行場は旧陸軍の管轄下に入り、1944年（昭和19年）には周囲の農家を立ち退かせ、拡張工事を行いました。敗戦後、連合国軍総司令部（GHQ）が飛行場を接収し、飛行機を焼却処分しました。写真❶は1947年に米軍が上空から撮影。下側に、旧札幌飛行場の滑走路跡があるのが分かります。

旧札幌飛行場があった当時、都心から西5丁目通を走る市電の終点は北18条。住宅が立っていたのもこのあたり

2

1937年（昭和12年）4月1日、旧札幌飛行場を出発する直前の東京行き定期便の第1便。フォッカー・スーパー・ユニバーサル旅客機を使用し、定員は乗務員2人、乗客6人。1日1往復で、青森、仙台を経由し約6時間で羽田飛行場との間を結んだ。運賃は片道66円（北海道新聞社所蔵）

3

学校祭でフォークダンスを楽しむ札幌北高生。1960年5月21日の北海道新聞に掲載

までで、それから北の地域は泥炭地が広がっていたといいます。現在の北24条かいわいのにぎわいを考えると、想像もつかない光景です。戦後、人口の膨張とともに開発は急速に進みます。

きっかけは、1948年から北24条で進められた引き揚げ者住宅の建設。後にこれらは中高層の市営住宅に建て替えられますが、これとともに周辺で宅地造成が進み、商店なども次第に増えていきました。1954年には札幌北高(写真❸)が、北2西11から旧飛行場跡地へ移ります。

戦前、北18条が終点だった市電鉄北線は1952年に北24条まで延伸されます。さらに1959年に北27条、1963年に麻生町、1964年には新琴似駅前まで段階的に延伸。まだ商店が発達していなかった北部の住民が、北24条かいわいに買い物に来るようになりました。

北24西5にあった市電の幌北車庫。運行の拠点として1955年に完成し、後に幌北営業所も併設した。撮影は1971年(札幌市公文書館所蔵)

地下鉄南北線が開業した1971年12月16日朝の北24条駅。当日の北海道新聞に掲載され、見出しは「東京? いや札幌だよ」

1955年には市電運行の拠点として、北24西5に幌北車庫も完成しています。ランドマークとして目に焼き付けている市民も多いのではないでしょうか（写真❹）。

そして、北24条かいわいが激変したのが、地下鉄南北線開業です。1971年のこれに伴い市電の北24条以南は廃止され、地下鉄北24条駅は北の「終点駅」となり、乗り換えターミナル駅としての役割が一気に高まったのです。写真❺、❻の人波がそれを如実に表しています。乗降客の増加は北24条を「北のススキノ」とも呼ばれる繁華街へ大きく変えたのです。

1974年、地下鉄南北線の麻生への延伸工事着工に伴い市電の北24条〜新琴似駅前間が廃止に。1978年には麻生駅が開業し、北24条駅の乗降客が麻生駅などに移って、街も少しずつ落ち着きを取り戻して行きます。

市電の北24条電停で降りて地下鉄北24条駅へ向かう乗客たち。1974年に廃線になるまで新琴似、麻生町方面の多くの住民は、市電と地下鉄を乗り継ぎ都心部へ出た。1973年11月24日の北海道新聞に掲載

市電廃線後、幌北車庫跡地は駐車場として使われた。1982年の撮影。ここに1986年、札幌サンプラザが建設された。車庫の隣は北区役所（札幌市公文書館所蔵）

旧札幌飛行場正門跡（北24西8）の門柱（2018年6月撮影）

現在の北 24 条かいわいは、札幌でも有数の繁華街に数えられている。最盛期の 1970 年代初めには約 800 の飲食店が軒を連ねていたという。二十数年というわずかな期間で、原野から繁華街へ変容した理由には、交通機関の役割を挙げることができる。写真は現在の札幌サンプラザ周辺の交差点（2018 年 6 月撮影）

JR新琴似駅

亜麻工場 開拓民に恩恵

新琴似地区に鉄道駅が誕生したのは1934年（昭和9年）。札幌の桑園駅と空知管内沼田町（当時は沼田村）の石狩沼田駅を結ぶ札沼線の開通（全線開通は1935年）に伴うもので、地域の中心だった四番通（西5丁目樽川通）と茨戸街道（琴似栄町通）が交わる付近に新琴似駅（写真❶）が設置されました。

同地区の開拓は、1887年（明治20年）に146戸、翌1888年に74戸の屯田兵と家族が主に九州から入植して始まりました。1904年（明治37年）、屯田兵制度は廃止されますが、その後も兵村を中心に開墾が進みます。

地域の産業に大きな役割を

❶

札沼線の開通に伴い1934年（昭和9年）に開業した新琴似駅。撮影は1935年ごろ。「新琴似七十年史」（新琴似開基七十年記念協賛会）より

❷

麻生にあった亜麻工場。「琴似製線工場」「琴似製線所」「琴似亜麻工場」と名称を変えた。写真は工場の中心部で、現在の麻生明星幼稚園付近。昭和初期の撮影と思われる。「麻生のあゆみ」（麻生連合町内会）より

果たしたのが亜麻工場です。四番通と茨戸街道、石狩街道に囲まれた広大な敷地に北海道製麻（後の帝国製麻）の製線工場が建設され、1891年（明治24年）に、操業を始めました（写真❷、❸）。

開拓の初期から北海道では、寒冷地向け作物として亜麻の作付けが奨励されていました。亜麻の茎から繊維を取り出すのが製線工場です。繊維は、麻糸や布製品を作る原料になります。軍服やテントなど軍用品としての需要が高まる中、製線工場が全道各地に建設されます。新琴似の工場は雁来村（当時）に次ぎ、道内2番目に設立されました。

農業が中心だった新琴似地区が大きく変わるのは戦後。昭和30年代に入ると宅地化が急速に進みます。呼び水のひとつが、1958年に道住宅公社（現在の道住宅供給公社）が着手した麻生団地造成で

3

原料の亜麻と工場の従業員。工場全盛期の1940年（昭和15年）には250人が働いていた。亜麻工場は、収入が限られ苦しい生活を送っていた開拓民に、恩恵をもたらした。一つは工員として働く場の提供、もう一つは主要作物・亜麻の茎を買い取る契約栽培を行い、農家に現金収入をもたらした。新琴似駅の開設当初も、駅を利用した貨物の多くは工場の物資だった。取り出された繊維は、札幌駅近くにあった製品工場に送られ、糸や布製品に加工、全国に出荷された。「麻生のあゆみ」（麻生連合町内会）より

す。化学繊維に押され製線工場は1957年閉鎖に追い込まれます。その跡地に419戸の宅地を造成したのです（写真❹）。

1959年には「麻生《あさぶ》町」が生まれます。亜麻工場の最後の工場長が、工場由来の「麻」の字を町名に残そうと住民らと市議会に請願。町名変更が認められ、旧工場の敷地などが新琴似から「麻生町」に変わりました。

宅地開発と同時に交通網の整備も大きく進展します。市電鉄北線が1963年に麻生町、1964年に新琴似駅前まで延伸します。延伸に併せ、新琴似駅前に市営バスの新琴似ターミナルが完成（写真❺）。さらに1978年には地下鉄南北線が麻生まで延伸して（写真❻）利便性がより高まったことも、住宅街への発展を後押ししました。

一方で、周辺人口が急増したにもかかわらず、札沼線新

4

亜麻工場の跡地に道住宅公社が1958年から造成した麻生団地の全景。造成した419戸分の宅地のほとんどに住宅が建設済みであることがわかる。1964年9月13日の北海道新聞に掲載

5

1964年に延伸された市電鉄北線の「新琴似駅前」停留所の電車と、新設された新琴似バスターミナル。当時、市営バスの郊外路線ではマイクロバスの運行が多かった。1964年12月24日の北海道新聞に掲載

琴似駅の利用者数は伸び悩みました。好転したのはあいの里地区での宅地開発や、道教育大の移転などが沿線で進められた1980年代です。路線名も1991年に学園都市線（愛称）に変更し、北海道医療大学駅以北の路線と分けるかたちで札幌圏の通勤・通学路線へ転換。高架化、複線化、駅の増設などを進め、列車増発を図ったことが功を奏しました。駅舎も2000年に高架に合わせ改築（写真❼）、地下鉄と乗客を分け合うかたちで現在に至っています。

　新琴似に入植した屯田兵たちで編成された「第一大隊第三中隊」を指揮する役割を担ったのが中隊本部です。復元された建物内部には、新琴似屯田兵村の歩みや当時の暮らしを伝える資料やジオラマなどが展示されています（写真❽）。

6

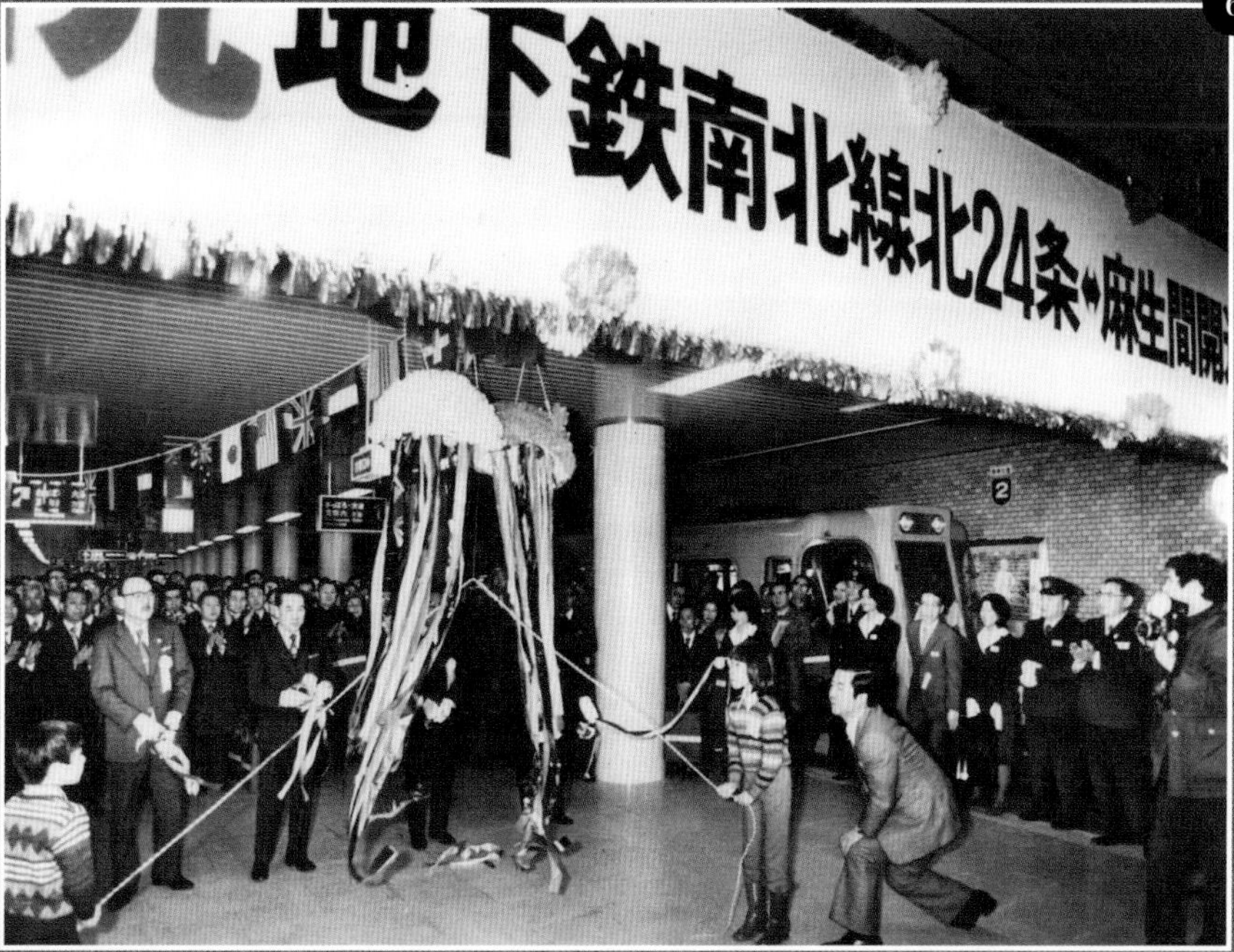

新装の地下鉄麻生駅コンコースで行われた、南北線の北24条～麻生間開通記念式典。地元の住民ら約千人が出席した。1978年3月15日の北海道新聞に掲載

7

現在のJR新琴似駅（2019年6月撮影）

8

屯田兵の生活を伝える中隊本部建物は新琴似兵村会の共有財産として引き継がれ、その後新琴似公会堂、札幌市の新琴似出張所にも使われた。市は市有形文化財に指定。保存会の協力を得て管理されている。北区新琴似8の3（新琴似神社境内）。JR新琴似駅から徒歩5分。4～11月の毎週火・木・土曜、午前10時～午後4時に無料で内部を見学可。問い合わせは中隊本部☎011・765・3048

JR あいの里公園駅・あいの里教育大駅

豊かな自然守り継ぐ

ＪＲ札沼線（学園都市線）の札幌市と当別町の境界近くに位置するあいの里公園駅は、かつて、市内最北の秘境駅、釜谷臼《かまやうす》駅（写真❶）として鉄道ファンの間で話題の駅の一つでした。周辺は田畑と原野。駅を出た列車が当別方面に進むと、北海道一長い鉄道橋・石狩川橋梁《きょうりょう》（写真❷）を渡ります。こうしたロケーションも注目された理由といえます。

札沼線の桑園～石狩当別間は１９３４年（昭和９年）に開通しました。当初、この区間の中間には新琴似、篠路、石狩太美の3駅のみで、釜谷臼の住民は期成会を組織して、篠路～石狩太美に新駅設

1

市内最北の秘境駅として鉄道ファンに愛された釜谷臼駅の待合所。撮影時期は不明（北海道新聞社所蔵）

2

１９３４年（昭和９年）に完成した全長１０７４メートルの旧石狩川橋梁。北海道で一番長い鉄道橋として知られる。撮影は１９７１年８月。蒸気機関車がけん引する貨物列車が鉄橋を走る。橋梁は２００１年に架け替えられた。長さは１０６４メートル（原田伸一撮影）

置を要望し、開通から24年後の1958年、泥炭地帯の真ん中にホーム1面と待合所だけの無人駅が誕生します。人々は花火を上げて祝ったといいます（写真❸）。

1980年、住宅・都市整備公団（現都市再生機構）が大規模なあいの里団地（総面積378ヘクタール）の造成に着手（写真❹）し、1983年に分譲を開始したことで釜谷臼駅周辺の宅地化が始まります。

道教育大札幌校のあいの里移転に伴い、移転前年の1986年、釜谷臼駅と東篠路駅（現拓北駅）の間に、あいの里教育大駅が開業。駅間距離を調整するため、釜谷臼駅はこのとき石狩太美駅寄りの現在地に移転します。

待合所だけの駅舎は貨車を改造したもので、秘境駅の風情を残していましたが、1991年にモダンな鉄骨造りの駅舎に改築、1995年

3

釜谷臼駅は1958年7月1日に開業。当日は、近くの鴻城《こうじょう》、福移両小学校の児童約300人が、ホームで小旗を振って列車を出迎えた。1958年7月2日の北海道新聞に掲載

にはあいの里公園駅に改称されました（写真❺）。

駅名に使われた「あいの里公園」は、駅から歩いて10分ほどの自然豊かな公園です。周囲約1キロのトンネウス沼が広がっています。

あいの里から茨戸へと続く一帯は開拓時から、蛇行する石狩川が毎年のように氾濫し、人々は洪水に苦しめられました。石狩川を直線化する治水工事で、本流から切り離された三日月湖が現在の茨戸川で、ほかに大小の沼を残しました。トンネウス沼もその一つです。

この沼を舞台に、早くから高校生たちが奮闘しています。沼は流れがなく、水草が豊富なため、貴重なトンボが生息しており、沼のそばの札幌拓北高（2015年3月閉校）理科研究部は1990年〜2003年、札幌旭丘高生物部が2012年以降、トンボ類の生息状況の調査を続

ニュータウン造成の工事の進み具合を伝える空撮写真。総面積378ヘクタール、完成時には約8100戸の住宅建設を計画していた。右手前が石狩川、右上が茨戸川。左端に札沼線の鉄路が写る。1982年7月13日の北海道新聞に掲載

あいの里教育大学駅周辺（1991年、北海道新聞社所蔵）

け、これまでに33種確認しました。拓北高理科研究部はホタルの幼虫の飼育、放流をあいの里公園で行い（写真❻）、閉校後は、湿地などの保全に取り組むＮＰＯ法人「カラカネイトトンボを守る会」が、公園管理業者と協力し、茨戸川緑地で行っています。「守る会」は、沼の水質維持に向け、水の流れを妨げる植物の除去を、住民らと一緒に行っています（写真❼）。

　宅地化され、「釜谷臼駅」の名前も消えましたが、この地は石狩川周辺の豊かな自然や、多様な動植物の魅力を、秘境駅の時代から変わらず発信しています。そして、身近な自然を愛し、守ろうとする人々の熱意にあふれています。

5

現在の駅舎。無人駅で、駅前には駅の歴史を記した看板や、國松明日香氏の彫刻作品も立つ

6

ホタルの里復活を合言葉に、札幌拓北高理科研究部があいの里東小の児童たちを指導し、ホタルの幼虫をあいの里公園に放流。2004 年 5 月（カラカネイトトンボを守る会提供）

7

あいの里公園のトンネウス沼では毎年、ＮＰＯ法人「カラカネイトトンボを守る会」が中高生、地域住民らと協力し、沼の余分な植物を除去する活動を続けている。写真は２０１８年９月の活動。約60人が参加した（カラカネイトトンボを守る会提供）

第1章
駅かいわい

JR苗穂駅

工場のマチ　記憶伝える

苗穂は中央区と東区にまたがる地域です。JR札幌駅の一駅東の苗穂駅のかいわいには、工場の町として発展してきた記憶を現在に伝える記念館や博物館、産業遺跡が数多くあります。サッポロビール博物館（東区北7東9）、北海道鉄道技術館（東区北5東13）、酪農と乳の歴史館（東区苗穂町6）、福山醸造（東区苗穂町2）などの施設は、「札幌苗穂地区の工場・記念館群」として、北海道遺産に選定されています。

写真❶は札幌ビール製麦所。元は製糖工場で、1901年（明治34年）に買収、操業しました。赤れんがの建物は現在、サッポロビー

❶

札幌麦酒（現・サッポロビール）が１９０３年（明治36年）に製糖工場を買収し開設した札幌ビール製麦所。１９６５年まで操業した。道庁編「東宮殿下行啓記念　明治44年」より転載。撮影年は不明

❷

1909年（明治42年）に建設された鉄道院北海道鉄道管理局札幌工場。撮影は1919年（大正8年）。現在も約20万平方メートルの敷地に大小百棟の建物が並び、ＪＲ北海道苗穂工場として稼働している。「札幌開始五十年記念写真帖」より

ル園（1966年オープン）の開拓使館として活用。博物館もあります。工場跡地では、2005年にアリオ札幌が開業するなど再開発が進み、サッポロガーデンパークとして観光名所の一つになっています。

この製麦所の東側に隣接し、現在のJR函館線の北側に建設されたのが鉄道院北海道鉄道管理局札幌工場（写真❷）です。1909年（明治42年）の創設時の敷地面積は約50万平方メートルありました。国鉄札幌鉄道管理局苗穂工場、JR北海道苗穂工場など、組織の変更で名称は変わりましたが、車両の検査、修理、製作を通し100年以上、道内を走る列車の安全を支えてきた中心工場です。写真❸が全景、写真❹は1975年の最後のSL出発式です。工場の最盛期は昭和20年代で、3千人以上の人たちが働いていました。

❸

1959年撮影の苗穂工場全景（JR北海道提供）

市電苗穂線が1971年に廃止された際、児童たちなどが参加して行われた「市電さよならパレード」（札幌市公文書館所蔵）

貨物取扱が増えた苗穂駅構内に入線する列車（1972年、北海道新聞社所蔵）

苗穂駅はその玄関口として1910年（明治43年）に開業しました（写真❺）。駅の開業で貨物輸送の利便性が高まり、大正期から昭和初期にかけて多くの工場が進出。駅かいわいには商店や飲食店も立ち並びます。

1922年（大正11年）には路面電車（1927年市営化）が苗穂駅前まで延伸、1926年に私鉄・北海道鉄道の札幌線（沼ノ端～苗穂、後の国鉄旧千歳線）、1931年に定山渓鉄道が苗穂駅に乗り入れ、さらににぎわいを増したのです。

その苗穂駅も戦後、大きく変わります。札幌駅は4代目駅舎開業後の1958年に貨物の取り扱いを終了。貨物は苗穂駅などに移ることになりました。苗穂駅前や貨物のホームは荷馬車やトラックでごった返し、最盛期は1日2700トンも取り扱ったといいます（写真❻）。

❹ 1975年10月3日に国鉄苗穂工場で行われた最後のSL出発式。1914年（大正3年）からSLの検査、修繕を続けてきた苗穂工場からSLが姿を消した。苗穂工場の全職員、OBらが見送った。1975年10月4日の北海道新聞に掲載

❺ 苗穂駅は、1935年（昭和10年）に建設された2代目駅舎が2018年まで使われた（1979年撮影、北海道新聞社所蔵）

しかし、にぎわいは長く続きませんでした。貨物輸送の主役がトラックへ交代したためです。一方でモータリゼーションの波は別の問題を生じさせます。苗穂駅東側にあった踏切で渋滞が発生するようになったのです。1984年の時点で通過車両は1日1万台、遮断機が下りているのは8時間以上。この「開かずの踏切」の問題が解消したのは、1988年にアンダーパス工事が完成してからでした。

いま苗穂駅周辺では札幌市などによる新しいまちづくりが進んでいます。土地の低利用、鉄道による南北分断、住工混在などの課題を解消しようというもので、その一つが苗穂駅の移転と橋上化、自由通路の整備です。工事は進み、2018年11月17日に新しい駅舎が開業しました。

6

貨物の取り扱いが増え、荷馬車やトラックなどでにぎわう苗穂駅構内（札幌市公文書館所蔵）

JR白石駅

駅舎4代　れんがの歴史刻む

うっそうとした森の中にぽつんと立つ小屋——。写真❶は、幌内鉄道に設けられた「白石簡易停車場」です。プラットフォームもありません。1日平均8千人が乗車する現在のJR白石駅からは想像できない光景です。

石炭輸送を目的とした幌内鉄道は北海道初の鉄道として1880年（明治13年）に手宮（小樽市）～札幌、2年後の1882年に札幌～幌内（三笠市）が開通、「白石簡易停車場」が設置されました。簡易停車場とは、客の乗降や荷降ろしなど必要な際に駅員が旗（フラグ）を掲げて列車を止める「フラグステーション」のこと。幌内鉄道の軽川《がるがわ》

北海道初の鉄道である幌内鉄道に設置された白石簡易停車場。白石フラグステーションとも呼ばれた。1882年（明治15年）に設置され翌年休止、1989年（明治22年）にいったん廃止された。写真は1982年（明治15年）ごろの撮影。「北海道百年・上巻」（北海道新聞社）より転載

1902年（明治35年）に白石村が上白石村と合併し、村役場が当時の「白石村47番地」、現在の白石区本通1丁目南付近に置かれた。大正10年版の「白石村誌」より転載

（現・手稲区）や琴似にもフラグステーションは設けられましたが、当時の写真が残っているのは白石くらいで、大変貴重です。

一方、簡易停車場の周辺には大小のれんが工場が次々建ちました。鉄道工事の際、良質のれんが用粘土が発見されたためです。その最大手が1884年（明治17年）に開業した鈴木煉瓦《れんが》製造場（写真❸）。北海道における本格的なれんが製造業の先駆けとなりました。

白石地区は1871年（明治4年）、現在の宮城県白石市から片倉家の旧家臣団が入植したのが開拓の始まりです。後の白石駅の場所から離れた、白石本通（現国道12号）沿いで農地開墾を進めました。白石村役場（写真❷）は、当時の市街地の中心に近い、現在の白石区本通1丁目南付近に1902年（明治35年）開設されました。翌年、

❸

白石産れんがの名声を高めた「鈴木煉瓦製造場」。ここで大量に製造されたれんがは、道庁赤れんが庁舎やサッポロビール工場、東京駅などにも使われたという。土管なども製造し、札幌の街づくりにも貢献した。現在のJR白石駅近辺に工場や干し場、焼き窯などがあった。製造されたれんがは本州にも送られた。撮影は明治30年代と思われる（北大付属図書館所蔵）

国鉄白石駅の3代目駅舎（1977年、北海道新聞社所蔵）

本格的な駅舎が建築され白石駅が誕生（写真❹）。運ばれて来る石炭や鉱石などの物流基地としてにぎわいました。

開業には別な理由もありました。1896年（明治29年）、月寒に独立歩兵大隊（後の陸軍歩兵第25連隊）が置かれ、その最寄り駅としての役割を担うためでした。利便性を高めるため、白石駅と月寒の連隊を結ぶ道路（現在の道道白石停車場線）を軍が1905年（明治38年）に造成し、「連隊通り」と呼ばれるようになりました。

駅は開業以降、現在のJR白石駅まで4代の駅舎が使われました。

初代駅舎は、1918年（大正7年）に開通した定山渓鉄道の起点駅となり、機関車の回転台が設けられるなど駅の様子は大きく変わったといいます。2代目駅舎に改築されたのは1934年（昭和9年）。この木造駅舎は戦後も

1903年（明治36年）に開業した初代駅舎。1918年（大正7年）に定山渓鉄道の始発駅になった。撮影は1920年（大正9年）ごろ。大正10年版の「白石村誌」より転載

戦後、白石駅ホームで列車を待つ人々。1955年撮影（札幌市公文書館所蔵）

長く使用され（写真❺）、市民に親しまれました。

その後、1968年に国鉄函館線が電化された際、鉄骨造り平屋建ての3代目駅舎（写真❻）に改築されます。1973年に千歳線の新線切り替えに伴い千歳線直通列車の乗り入れも始まり、周辺の宅地化やマンション建設が進んで、次第に乗降客も増加していきます。

橋上駅となった現在の4代目駅舎（写真❼）は2011年に完成。札幌市などが進めたJR白石駅周辺整備事業の一環として整備されたもので、線路をまたいで南北を往来できる自由通路も完成し、駅の北側に住む市民の利便性は大幅に向上しました。階段の壁には、れんがを取り入れ、明治期に栄えた地域の一大産業の歴史を駅舎に刻みました。

6

1968年に改築された3代目の駅舎。駅舎は線路南側にあり、北側の利用客は、手前に写る歩道橋で線路を越える必要があった。2001年撮影（札幌市公文書館所蔵）

7

2011年に新築され橋上駅となった4代目駅舎。JR北海道によると2020年度の1日平均の乗車人員は6622人で、道内のJR駅で第7位（2018年12月撮影）

新さっぽろ

20年 スピード都市開発

現在はJR新札幌駅、地下鉄新さっぽろ駅を中心に、多くの商業施設や公共施設、ホテルなどが立ち並ぶ副都心ですが、昭和30年代初頭までは畑や水田、牧場などが広がり、人家はわずかでした。写真❶は、厚別最初の大規模団地、ひばりが丘団地が造成される前の、のどかな風景です。

市は1971年、「長期総合計画」を策定します。市人口は前年の1970年に百万人を突破。急激な人口増に対応しようと、これまでの一点集中型の都市構造をあらため、「多核分散型」の都市づくりを打ち出したのです。目玉事業の一つになったのが「厚別副都心構想」。1974

❶ 農業地帯として発展した厚別。ひばりが丘団地が建った場所は、のどかな農場だった（「札幌副都心開発公社10年小史」より）

❷ 厚別弾薬庫は戦時中に造られ、戦後は米軍が接収した後、自衛隊に引き継がれた。広さ約36ヘクタールで倉庫は計9棟。日高管内日高町に移転し、跡地を札幌市が取得した。後方に立ち並ぶのが「ひばりが丘団地」。1967年2月7日の北海道新聞に掲載

年に第三セクター・札幌副都心開発公社が設立され、以降、都市開発が一気に進みます。

　副都心構想前から、厚別では大規模団地の建設が走りだしていました。市は、1959年着工の「ひばりが丘団地」を皮切りに、下野幌第1団地（後の青葉町団地）、第2団地（副都心団地）、第3団地（もみじ台団地）の造成に着手します。下野幌第2団地の建設予定地は、ひばりが丘、青葉町と隣接する自衛隊厚別弾薬庫跡地（写真❷）でした。

　一方、国鉄（当時）は千歳線新線計画を検討していました。苗穂駅から東札幌、月寒、大谷地を経由して上野幌駅まで走っていた旧線を、白石駅と上野幌駅との間で短絡、複線化するものです。協議を進めた市と国鉄は、1966年に新線は弾薬庫跡地を通るルートとし、将来「中間駅」を設けることで基本合意

❸

国鉄千歳線は、1973年9月9日に旧線から新線に切り替え、新札幌駅が開業した。新駅を特急「おおぞら1号」が走る。翌10日の北海道新聞に掲載

❹

副都心の商業施設第1号として、ダイエーと約百店の専門店が入る「サンピアザ」が1977年6月10日にオープンし、盛況だった（「札幌副都心開発公社10年小史」より）

します。この中間駅が、現在のJR新札幌駅です。千歳線の新線切り替えに伴い、国鉄では市内初となる高架駅として1973年に開業しました（写真❸）。

同時に、札幌副都心開発公社による商業センター建設が本格化し、1977年にダイエー（後にイオングループと統合）をキーテナントとする総合商業施設サンピアザ（写真❹）がオープンします。

1982年、東西線白石駅からの延伸によって地下鉄新さっぽろ駅が開業（写真❻）。延伸にあわせ、百貨店のプランタン新さっぽろ（写真❺、現在はカテプリ新さっぽろ）、サンピアザ水族館、札幌市青少年科学館（写真❼）などが相次いでオープンし、施設の充実が進みます。弾薬庫跡地は副都心に姿を変えました。

さらに1989年には白石区から分区して、厚別区が誕生し、公共施設の建設や集約

5

東西線の延長開業を前に、変容する厚別副都心。高架は国鉄新札幌駅。鉄骨を組み立てているのは建設中のプランタン新さっぽろ（現・カテプリ新さっぽろ）。その左横を地下鉄が通り、終点の新さっぽろ駅が建設された（1981年、北海道新聞社所蔵）

も進みました。分区にさきがけ、1987年に区民センターと図書館、1989年に区役所などが開設されます。

また、JR新札幌駅に隣接して1992年までに、南北2棟の新さっぽろ駅ターミナルビルが完成しました。JR・地下鉄とバスターミナルを結ぶ複合型施設で、新さっぽろアークシティホテル、専門店ビルのデュオ1、デュオ2も併設。この時点で副都心建設に着手してからわずか20年。これほどのスピードで都市開発が進んだのは驚きといえます（写真❽）。

その後も民間の商業施設の進出など、副都心全体が発展してきました。現在は団地の高層化による集約などで生じた余剰地を活用、新たな開発も始まっています。その一つは札幌学院大（江別市）の新さっぽろキャンパス建設。地域の発展はまだまだ続きそうです。

6

1982年、地下鉄東西線が白石駅から新さっぽろ駅まで延長され、3月20日に新さっぽろ駅で開通式が行われた。延長区間は翌21日に開業。都心と結ぶ大動脈となった（札幌市公文書館所蔵）

7

札幌市青少年科学館は1981年10月4日開館。前日の10月3日に、近隣の子どもたちを招いてセレモニーを行った。ロビーに置いた案内ロボット・初代ウインキーが早速人気を集めた（札幌市公文書館所蔵）

8

農村地帯から華麗に変身した厚別副都心と周辺を上空から（2019年9月、厚別区が撮影、提供）

定山渓鉄道 豊平駅

失われた鉄路の拠点

乗降客でにぎわう駅前風景（写真❶）は、かつて国道36号と面した豊平4の9にあった、定山渓鉄道（以下、定鉄）の豊平駅を撮影した写真です。1964年4月30日の北海道新聞に掲載されました。

定鉄の開業は1918年（大正7年）。定山渓温泉への観光客の輸送に加え、山林から切り出された木材、豊羽《とよは》鉱山からの亜鉛を中心とする鉱石などの輸送が主な目的でした。当初は白石駅（現・JR白石駅）から定山渓駅まで29・9キロの営業で、豊平駅もこのとき開業しています。

開業直後の初代駅舎の場所は写真❶の駅舎と異なり、室蘭街道（現・国道36号）から

1

1964年4月30日の北海道新聞に掲載された定鉄豊平駅。西側から撮影。1958年につくられた鉄筋コンクリート造の駅舎で、南側に2階建ての本社社屋もあった。この時期の定鉄は、国鉄札幌駅（現・JR札幌駅）と定山渓温泉のある定山渓駅の間を、各駅停車は1時間ちょっとで結んでいた。沿線には、澄川や真駒内など現在の地下鉄南北線と重なるところもあり、市民の足として大きな役割を果たしていたことがうかがえる

定鉄の電化も進み、市電が豊平駅前まで延伸された1929年には、東札幌〜定山渓間の電化工事が完成。電化から間もない時期の豊平駅とホーム。撮影は1931年（昭和6年）。左奥に見えるのは1929年に移設された2代目駅舎（札幌市公文書館所蔵）

100メートルほど南、現在の豊平5の9付近にありました。今は東光ストア豊平店が立っています。

もともと札幌の市街地からも近く、乗降客の多かった豊平駅ですが、ターミナル駅としての役割が強まったのは、札幌市内を走る路面電車（1927年〈昭和2年〉に市営化）の駅前までの延伸がきっかけでした。

定鉄の開業当時、路面電車は、すでに「南4条東3丁目」まで通じていましたが、1924年（大正13年）に豊平橋を渡って「大門通」まで、1925年（大正14年）には「平岸街道」まで、1929年（昭和4年）には「豊平駅前」まで次々と延伸されます（写真❷）。路面電車延伸に合わせ、豊平駅の駅舎も室蘭街道沿いに移設されました。これによって、定鉄と市電網が結ばれることになったのです。

1926年（大正15年）に

2

市電豊平線の豊平駅前停留場。1967年7月13日の北海道新聞に掲載。歩道橋の奥に定鉄豊平駅が見える。1950年には、ここから右折するかたちで駅西側まで引き込み線が敷かれ、停留場が置かれていた時期もあるが、1966年に廃止。再び国道36号の路上に停留場が移設された

3

は、北海道鉄道（後の国鉄）の千歳線（旧線）が、苗穂駅（現・JR苗穂駅）まで開通、定鉄との接続駅として東札幌駅が新設されます。

それまでの定鉄は、豆タンクなどと呼ばれた蒸気機関車が、客車や貨車をけん引していましたが、1929年に定山渓～東札幌間の電化工事が完成（写真❸）。1931年（昭和6年）に東札幌～苗穂間も電化し、苗穂駅への乗り入れも実現。豊平駅のターミナル駅としての役割は、ますます大きくなったのです。

戦後になると、1957年に気動車による札幌駅への乗り入れが始まり、大手私鉄・東急傘下に入るなど、定鉄はさらなる発展を計画します。

しかしその後、押し寄せたモータリゼーションの荒波には勝てませんでした。車に乗客や貨物を奪われただけでなく、新たな問題も浮上したのです。

4

豊平駅に面した国道36号を横断する定鉄の踏切。写真奥の月寒側、手前の札幌側の両方に車の渋滞が起きている。1969年3月26日の北海道新聞に掲載

5

1969年10月31日、定鉄最後の運行の日、豊平駅のホームで定山渓行きの「さよなら電車」を見送る人々（北海道新聞社所蔵）

定鉄の路線には66カ所に及ぶ踏切がありました（写真❹）。これらが交通の妨げになったり事故を招く危険度が高いとして、道警から改善勧告を受けたのです。立体交差など改良工事を行うには膨大な資金が必要でした。定鉄はやむなく地下鉄南北線用地として、札幌市による路線の一部買収などに応じ、1969年11月1日の廃線が決まったのです。

写真❺は1969年10月31日、定山渓行きの最終電車を見送る人々であふれる豊平駅ホームの写真です。豊平駅の駅舎はその後も不動産事業やバス事業などを進めた定鉄（1973年「じょうてつ」に社名変更）本社社屋の一部として長く使用されてきました（写真❻）が、2005年に解体。現在は、その場所に分譲マンション2棟が立っています（写真❼）。

6

廃線後、豊平駅舎は「じょうてつ」本社として使われ、2005年に解体された（1994年撮影）

7

現在の定鉄豊平駅跡。「じょうてつ」が建設した2棟の分譲マンションが立つ（2017年11月撮影）

豊平駅付近を走る1960年代の定鉄電車（久保ヒデキ氏提供）

真駒内

米軍基地が大規模団地に

外壁に白いペンキが塗られたおしゃれな家と、芝生が敷きつめられた庭。よく見ると舗装された道路の路肩には、自動車が何台も止まっています。手前で子どもたちが遊んでいます（写真❶）。

アメリカの都市郊外の古い住宅街を思わせるこの写真。実は1949年に、現在の南区真駒内で撮影したものです。当時、米軍基地「キャンプ・クロフォード」が置かれていました。その家族住居地区の写真です。人々は「アメリカ村」と呼んでいたといいます。

真駒内は、お雇い外国人として来日した米国人エドウィン・ダンが1876年（明治

1
戦後間もなく真駒内に建設された米軍基地「キャンプ・クロフォード」の家族住居地区。日本にはない景観から人々はアメリカ村と呼んだ。1949年の撮影（札幌市公文書館所蔵）

2
1922年（大正11年）に撮影された真駒内種畜場の放牧風景。1876年（明治9年）、開拓使が真駒内牧牛場として開設した（札幌市公文書館所蔵）

9年）に牧牛場を開設したのが始まり。その後、真駒内種畜場などと名称を変えます。敷地は広大でした（写真❷）。

1945年（昭和20年）8月の日本の敗戦後、札幌に進駐した連合国軍総司令部（GHQ）は、真駒内の元種畜場を接収。基地として約590万平方メートルの用地に兵舎約330棟、約46万平方メートルの用地に家族用住宅2210戸の建物を建設する計画でした。1年ほどの突貫工事で、「キャンプ・クロフォード」が1947年7月に完成します。札幌市との合併前でしたから住所は豊平町真駒内。基地内には、18ホールの米軍専用ゴルフ場も造成しました。

1952年のサンフランシスコ講和条約発効後、用地接収が順次解除され、以降、真駒内の新しい街づくりが始まります。

北側の兵営地区の大部分

❸

用地返還後、1959年に一般開放された道営ゴルフ場。1962年4月20日の北海道新聞に掲載。閉鎖後、真駒内公園として整備された

1951年、真駒内で行われた東京GHQ選抜軍と在札45師団がフットボールで対戦し、GHQ関係者が観戦した（北海道新聞社所蔵）

は、陸上自衛隊真駒内駐屯地に引き継がれました。西側のゴルフ場は道営ゴルフ場として1959年に再出発（写真❸）。当時、道内では数少ない本格的なパブリックコースとして親しまれ、閉鎖後は真駒内公園として整備されました。公園では1968年、「北海道百年記念北海道大博覧会」（道、札幌市、北海道新聞社などの共催）が開催されました（写真❹）。

アメリカ村と呼ばれた家族住居地区は、現在の真駒内緑町、幸町付近にあたりますが、返還によって道などによる真駒内のニュータウン計画が一気に具体化、道営や日本住宅公団（現・都市再生機構）による団地造成が始まります。また、戸建て住宅や社宅、分譲マンションも増え始め、返還からわずか10年で真駒内は人気の住宅地に大きく変わったのです。

さらに発展を促したのは

❹ 1968年に真駒内公園で開催された「北海道百年記念北海道大博覧会」の会場風景。道内各地の子どもたちが見学に訪れた。1968年6月21日の北海道新聞に掲載

❺ 1972年札幌冬季五輪開催中の選手村ゲート付近。写っている2棟の建物は女子村。その奥に男子村があり、五輪終了後は分譲、賃貸された（札幌市公文書館所蔵）

1972年の札幌冬季五輪の開催です。真駒内は開会式、閉会式の舞台となり、屋外競技場（現・真駒内セキスイハイムスタジアム）や屋内競技場（現・真駒内セキスイハイムアイスアリーナ）、オリンピック選手村（写真❺）など主要施設が集中。輸送力を高めるために地下鉄南北線が開通しました。それまで真駒内へは定山渓鉄道（定鉄）が通っていて（写真❻）、真駒内駅、緑ヶ丘駅が設置されていましたが、交通の便は決して良いとはいえませんでした。

しかし、定鉄の廃線跡を利用した地下鉄開通で、都心部との交通手段は飛躍的に向上し、街の人気はそれまで以上に高まったのです。巨大基地が大型住宅団地へ。劇的な変化を遂げた真駒内はこれから、どんな顔を見せてくれるのでしょう。

6

真駒内の団地の近くを走る定鉄電車。1968年ごろの撮影。現在の真駒内東町付近に定鉄真駒内駅、現在の地下鉄南北線真駒内駅の南側付近に定鉄緑ヶ丘駅が設置されていた（札幌市公文書館所蔵）

現在の地下鉄南北線真駒内駅近くに建つ「五輪団地」。2018年3月撮影

定山渓鉄道
石切山駅

かつて、定山渓と市中心部を結んだ定山渓鉄道（以下、定鉄）。存続していれば、2018年に開業100周年を迎えるはずでした。1918年（大正7年）10月17日に白石駅（現・JR白石駅）～定山渓駅の29・9キロが開通。1969年（昭和44年）10月31日に廃止されるまでの51年間、観光客や沿線住民の足として、また沿線周辺の木材や豊羽鉱山の鉱石、石山産出の札幌軟石を運ぶ産業路線として活躍した鉄道です。

旧石切山駅《いしきりやま》（石山1の3）は、定鉄の18カ所あった駅の中で現存する唯一の建物。現在、石山振興会館として使わ

〝軟石の里〟栄えた商店街

1 定鉄廃止後の石切山駅舎。しばらくは往時のままの姿で残されていた。1970年代の撮影と思われる（石山商店街振興組合所蔵）

2 最盛期には石山地区全体で300人を超える石工が働いていた。1940年代の撮影と思われる（石山地区在住、西村稔氏提供）

れています。写真❶は改修前の駅舎の姿で、札幌軟石を基礎部分から積み上げて造られているのが分かります。駅名の「石切山」は地名ではありません。札幌軟石を切り出していた土地の愛称として命名されたのでしょう。駅は定鉄開業時に設置。初代駅舎はもっと南側に建ち、1929年（昭和4年）の電化後、現在地に移転しました。

石山では明治開拓期より軟石の切り出しが盛んに行われ（写真❷）、道内各地の公共の建物や倉庫、商店、民家まで広く使われました。北海道開拓を支えた主要な建材といっていいと思います。札幌軟石の採掘基地として、石山に人が集まりました。石切山駅の向かいには、軟石を使った石山郵便局（現・ぽすとかん）、東隣には大きな商店、そのほか通り沿いには電器店や理髪店、歯科医院、スキー板の製造工場まで、最盛期には50軒

3

1954年（昭和29年）撮影の石山地区。道路向かい側の左端に一部見える建物が、軟石造りの旧石山郵便局。住宅地の背後に、軟石の山が連なる（札幌市公文書館所蔵）

4

石切山駅で電車に乗り込む学生や通勤客。1960年代の撮影と思われる（石山小開校80周年記念アルバム「ふるさと石山」より）

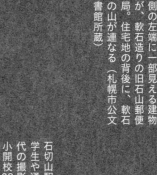

もの店舗が軒を連ね、沿線で最も大きな商店街でした（写真❸）。

　石切山駅は、朝は通学、通勤、昼は買い物や通院で乗降する住民でにぎわいました（写真❹）。コミュニティーの中心として大切にされ、地元の小学校の子どもたちは夏休みに、保護者と一緒に駅舎と周辺を清掃していました。

　廃線後、駅舎は石山振興会館として維持され、商店街振興組合の事務所や地域住民のサークル活動、イベントの会場などに活用されています（写真❺）。

　軟石は、1960年代からのコンクリートブロックの登場で建材としての需要が下火になり、石山は産業のマチから住宅地へ。沿線の風景も変わりました（写真❻、❼、❽）。石切り場は石山緑地として整備され、採石の歴史を今に伝えています。

6

石山地区の北東側から南西側を望む風景写真。昭和10年代の撮影と思われる。電車が走る左側の道路は現在の国道230号。親子連れがのんびり歩いている。家並みの後ろには水田が広がる。現在の石山陸橋の辺りから撮影したようだ。定山渓駅長や豊平駅長などを歴任した桐原酉次さんが2003年に札幌市へ寄贈（札幌市公文書館所蔵）

5

「石山スノーファンタジー」期間中のイベントでライトアップされた旧石切山駅舎。2017年1月22日の北海道新聞に掲載

札幌軟石の採掘・切り出しが行われた石山の採石場（1961年、北海道新聞社所蔵）

7

定鉄廃止直前の1969年（昭和44年）10月10日撮影。沿線に住宅などの建物が増え、車も走っている。電車の姿はどこか寂しげ（札幌市公文書館所蔵）

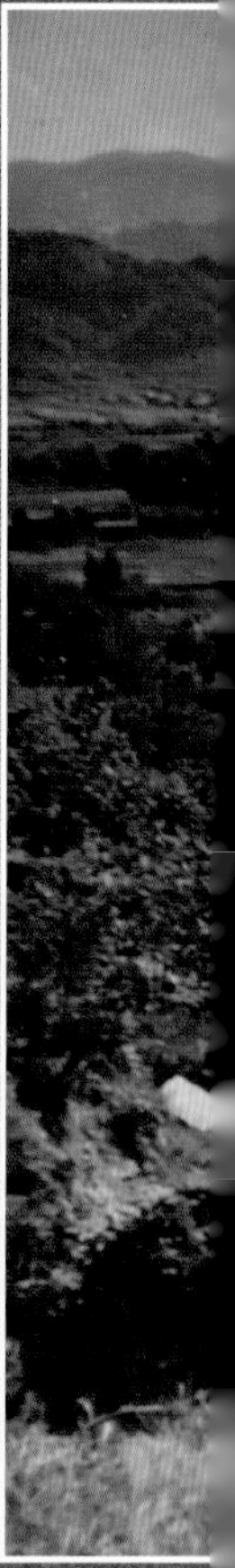

8

線路跡には樹木が生い茂り、集合住宅も増えた石山地区。街並みの向こうの山々の姿だけが今も変わらない。2018年10月3日、石山陸橋から撮影

第２章
まちの変遷

1962 年ごろに撮影された札幌市中心部。さっぽろテレビ塔がひときわ目立つ（北海道新聞社所蔵）

第2章
まちの変遷

4丁目十字街

書店並ぶ商業の中心地

札幌駅前通と南1条通が交差する4丁目十字街。最近は札幌駅前商圏に押され気味とはいえ、まだまだ札幌の商業の中心地としてにぎわいを保ち続けています。写真❶は1958年に撮影された十字街南側の景観です。

写真❶の左側、西3丁目角にあったのはコマツ靴店。南隣はまるみ帽子店でした。また、西4丁目側には古書店・一誠堂の看板が見えます。写真からは奥まって見えませんが、一誠堂の南隣は喫茶店の西林《にしりん》、そして中央薬局、書店の維新堂などが続きます。札幌に長く住む市民には懐かしいところばかりです。防火対策や駅前通の路幅拡張に伴

❶ 1958年に撮影された4丁目十字街。交差点から駅前通りを南に臨む。1960年代後半以降、道路が36メートルに拡幅されビル化が進んだ。札幌パルコや4丁目プラザなどのファッションビルや商業ビルはまだない。同年12月24日の北海道新聞に掲載

い、1960年代後半以降は、この地域から路面店が消えビル化が一気に進みました。

　一方、写真❷は1955年ごろに西2丁目側から十字街方面を撮影したものです。写真中央は1951年建設の大丸ビル。1989年に大丸藤井セントラルビルに建て替えられました。当時、大丸ビルの4、5階には道内初の民放である北海道放送（HBC）が入居。屋上にアンテナの鉄塔を設置し、1952年にラジオ放送、1957年にテレビ放送を道内民放で最も早く始めました。特にラジオは1967年まで、ここから放送されました。

　大丸ビルから店舗数軒を挟み西側に立つのは老舗書店・冨貴堂。市民に長く親しまれた書店の一つでした。札幌パルコ開店と同時にパルコ7階に移転。後にパルコの傘下に入り、2003年書店売り場を閉じ、その名前が消えまし

2
西2丁目側から撮影された1955年ごろの十字街。大丸ビルの屋上に北海道放送のアンテナ鉄塔が見える（札幌市交通局所蔵）

3
1920年（大正9年）ごろの4丁目十字街。正面に写る京屋呉服店の跡に1932年（昭和7年）、三越札幌支店が開店した（札幌市交通局所蔵）

4
1936年（昭和11年）ごろの三越札幌支店。1956年に増築された後、1971年、全面的に新築された。「札幌市写真帖」（1936年）より転載

た。

開拓使による本府建設以降、札幌の商店街は創成川沿いから南1条通を中心に、西へ伸びる形で発展しました。1880年（明治13年）に鉄道が開通。南1条通と結ぶ駅前通の人の往来が増えるに従い、その交差点は札幌の中心街と目されるようになります。

写真❸は1920年（大正9年）ごろの撮影で、南1条西3丁目の角で営業していたのは京屋呉服店です。1931年（昭和6年）にビルを建設し、このビルを譲り受け、翌年三越札幌支店（現・札幌三越）が開店しました（写真❹）。その後の増改築、新築を経て、今なお十字街のシンボル的存在といえます。またファッションビルの先駆けとなる4丁目プラザは1971年に開業しました（写真❺）。

4丁目十字街の発展に、路

5

“札幌にファッション革命を”というキャッチフレーズを掲げ、「4丁目プラザ」が1971年9月3日にオープン。開店前に約3千人の買い物客が列をつくった。同日の北海道新聞に掲載

6

十字街の南側にあった電停。撮影は1963年。札幌駅前を経由して北大方面、西20丁目方面へ向かう乗客はこの電停を利用した。同年2月27日の北海道新聞に掲載

面電車が果たした役割も見逃せません。札幌の路面電車の運行は1918年（大正7年）に始まります。後に市営化され、最盛期には路線の総延長が約25キロに。その市電網が、市内で唯一集中し交差していたのが西4丁目（三越前）の電停でした（写真❻）。いわばターミナル駅としての役割が、十字街のにぎわいを生み出した要因の一つといっても過言ではありません。

　三越札幌支店は1932年（昭和7年）5月1日に開業。当日は約5万人、翌日は約4万人が詰めかけ、「店内雑沓《ざっとう》のため一時入店も御断りするの止《や》むなきに至れり」（営業報告書）の混雑ぶりでした。デパートや大型店に加え、冨貴堂、維新堂、丸善、古書の一誠堂と書店も集中した十字街は、まさに商業と文化の中心地だったといいます。

信号機が普及する前は、お巡りさんが手信号で車をさばいていた。1951年7月4日の北海道新聞に掲載

4丁目十字街（2018年5月撮影）

大通公園

元「火防線」祭典の地に

大通公園がもともと「火防線」だったことは、意外に知られていません。開拓使は1871年（明治4年）、札幌本府の建設にあたり、北の官庁街と南の商店・住宅街の間に、幅58間（105メートル）の道路を整備します。火災の類焼を防ぐことなどが目的で、これが「大通」の始まりです。

この広い敷地を公園として利用しようとする動きが本格化します。1909年（明治42年）、札幌区は東京の造園技師・長岡安平に「樹木植栽設計」を依頼し、3年かけて整備を進めます（写真❶）。人々の散策の場所として「大通逍遥《しょうよう》地」と呼ばれるよう

になりました。

西8~9丁目には、こんもりと樹木が残る通称「鯨の森」が残り、西10丁目以西には練兵場が広がっていました。札幌市は1923年（大正12年）から芝生や植栽の整備を行い、1926年（大正15年）には西13丁目に札幌控訴院（現在の札幌市資料館）も完成、ほぼ現在の大通公園の姿となります。

やがて第2次世界大戦に突入。管理に手が回らなくなった「大通逍遙地」は荒廃します（写真❷）。

戦後は1950年から札幌市の5カ年計画で、花と緑のある公園への復旧を進めます。ただ、1945年の終戦からしばらくの間、スポーツの振興に活用された時期があります。

進駐してきた連合国軍総司令部（GHQ）が、専用施設として西4丁目に野球場、西5丁目にテニスコートを設け

❶

明治末期の大通公園西3丁目から西を望む。造園技師の長岡安平に札幌区が「樹木植栽設計」を依頼した後の景観と思われる。「温故写真帖第1集 札幌」（維新堂書房、1911年）より転載

た一方、札幌市も西6丁目にバスケットボールコート（写真❸）、西7丁目に野球場などを造成し市民に歓迎されたのです。

　1957年、西1丁目にさっぽろテレビ塔が開業、1962年には西3丁目に公園初の噴水が誕生します。花壇や芝生、街路灯などの整備も進み、訪れる人が増えていきます。

　札幌の風物詩と言われたトウキビ売りの露店は、大通公園周辺にも並びました（写真❹）。しかし無許可営業が多く、市は1966年、警察の応援を得て一斉撤去。翌年、札幌観光協会が直営事業として大通公園のトウキビ売りを再開しました。その後、無許可営業の露店が直営店退去後に戻るなど、いたちごっこは1980年代初めまで続きました。

　大通公園でのイベントが本格化したのも戦後です。口火

2

戦時中、畑となった大通公園西7丁目。撮影は1944年（昭和19年）ごろ。食糧不足から敗戦直前には、公園の約1万坪がジャガイモなどの畑になったと伝えられている。背後の台座の上には開拓長官・黒田清隆の銅像が立っていたが、金属供出で既にない。黒田像は戦後、西10丁目に再建された（北海道新聞社所蔵）

3

西6丁目にあったバスケットボールコートでの試合。撮影は1948年。戦後間もなく大通公園にはこのほか野球場、バレーコート、テニスコートなども整備されていた。「創建八十周年　自治六十周年　記念写真帳」（1948年）より転載

4

大通公園のトウキビ売り。冷凍ものは年中売られているが、「はしり」のトウキビは秋間近を実感させる味だった。値段は1本70円くらい。1964年7月29日の北海道新聞に掲載

を切ったのは1950年が第1回の「さっぽろ雪まつり」（写真❺）。雪像数はわずか6基でしたが、5万人の観客が集まったといいます。

　1954年に始まった「さっぽろ夏まつり」は1957年の第4回開催時にメイン会場を中島公園から大通公園に移しました。呼び物のビアガーデン（写真❻）は1959年から。

　ほかにも、1959年が第1回の「ライラックまつり」をはじめ、「さっぽろホワイトイルミネーション」（1981年から、写真❼）、「YOSAKOIソーラン祭り」（1992年から）、「花フェスタ」（大通公園では1997年から）、「ミュンヘン・クリスマス市」（2002年から）、「さっぽろオータムフェスト」（2008年から）と、イベントはめじろ押し。それぞれが大通公園の四季を彩る風物詩となっています。

5

1950年2月18、19日、西7丁目会場で開催された「第1回さっぽろ雪まつり」で制作された雪像「セザンヌのモニュマン」。初期のまつりでは市内の中高生が雪像作りに励んだ（北海道新聞社所蔵）

6

夏まつりのビアガーデンの様子。当初はサッポロだけだったが、後にアサヒ、キリン、サントリーが参戦。現在の盛況につながっている。1959年に始まったときは西6丁目にテントを2張設営した会場だった。1985年7月26日の北海道新聞に掲載

7

最初のホワイトイルミネーション。中心となるタワーは台座も含め約15メートル。会場は西2丁目の広場のみで、年ごとに規模を広げた。1981年12月13日の北海道新聞に掲載

第2章
まちの変遷

大通公園3丁目かいわい

60年変わらぬ人の波

さっぽろ雪まつりは1950年に始まりました。写真❶は1957年、第8回雪まつり大通会場のにぎわいを撮影したものです。撮影場所は大通西4。60年前も今も人の波は変わりませんが、東の方向に見える街の景観や建物が、現在とは全く違います。

まず、正面のさっぽろテレビ塔。展望台も電光時計もありません。テレビ塔は前年の1956年6月に建設に着手して12月に塔体が完成しました。ただ、展望台などの付帯工事が終わって正式にオープンしたのは1957年8月だったのです。電光時計の設置は1961年でした。

大通北側の景観も大きく

1

1957年に大通西4から東方面を撮影した第8回の雪まつり会場。展望台のないテレビ塔が分かる写真は珍しい（札幌市公文書館所蔵）

2

大通西3にはバロック風の拓銀旧本店（左）と北海道新聞社旧社屋が並んでいた。1953年ごろの撮影（札幌市公文書館所蔵）

変わっています。写真❷は1953年ごろ撮影の大通西3です。手前が当時の拓銀（北海道拓殖銀行）本店、奥が北海道新聞社の旧社屋で、バロック風の趣ある建物が並んでいたことが分かります。

この拓銀本店は1909年（明治42年）に建てられた旧本店。1961年に新たな本店ビル（写真❸）が造られた際、宮の森に移築され、その後は研修所として使われましたが、拓銀破綻後の2002年に取り壊されました。大通西3の拓銀本店跡には現在、地上19階地下4階の大通ビッセ（北洋大通センター）が立っています。

北海道新聞社旧社屋は、前身の北海タイムス社社屋として1922年（大正11年）に落成。時計塔のある建物として長く親しまれてきましたが、1963年に9階建ての新社屋（現・北海道新聞社大通館）に改築されました。

北海道経済の象徴だった旧拓銀本店ビルは石造りの重厚な建物だった。屋上の大きな看板も写っている（1995年、北海道新聞社所蔵）

旧拓銀本店ビルの跡地。解体作業が進み、跡形がなくなった。現在は、地下2階〜地上4階部分に大通ビッセが入る「北洋大通センター」が建つ（2007年、北海道新聞社所蔵）

時計台

農学校の記憶 刻み続け

写真❶は1879年（明治12年）、現在の大通北側〜北2条、西1〜3丁目を西側から撮影したものです。ほぼ中央を通る道路は北1条通。その北側（写真では左側）に、札幌農学校の敷地が広がっていました。

札幌市時計台の起源は札幌農学校演武場であることはよく知られています。演武場は1878年（明治11年）の建築。兵式訓練のほか、入学・卒業式を行う講堂として使われました。

写真❶の演武場に、時計はありません。屋根の上の小さな塔は、授業の開始や終了を鐘で知らせる鐘楼です。これを時計塔に改修するよう命じ

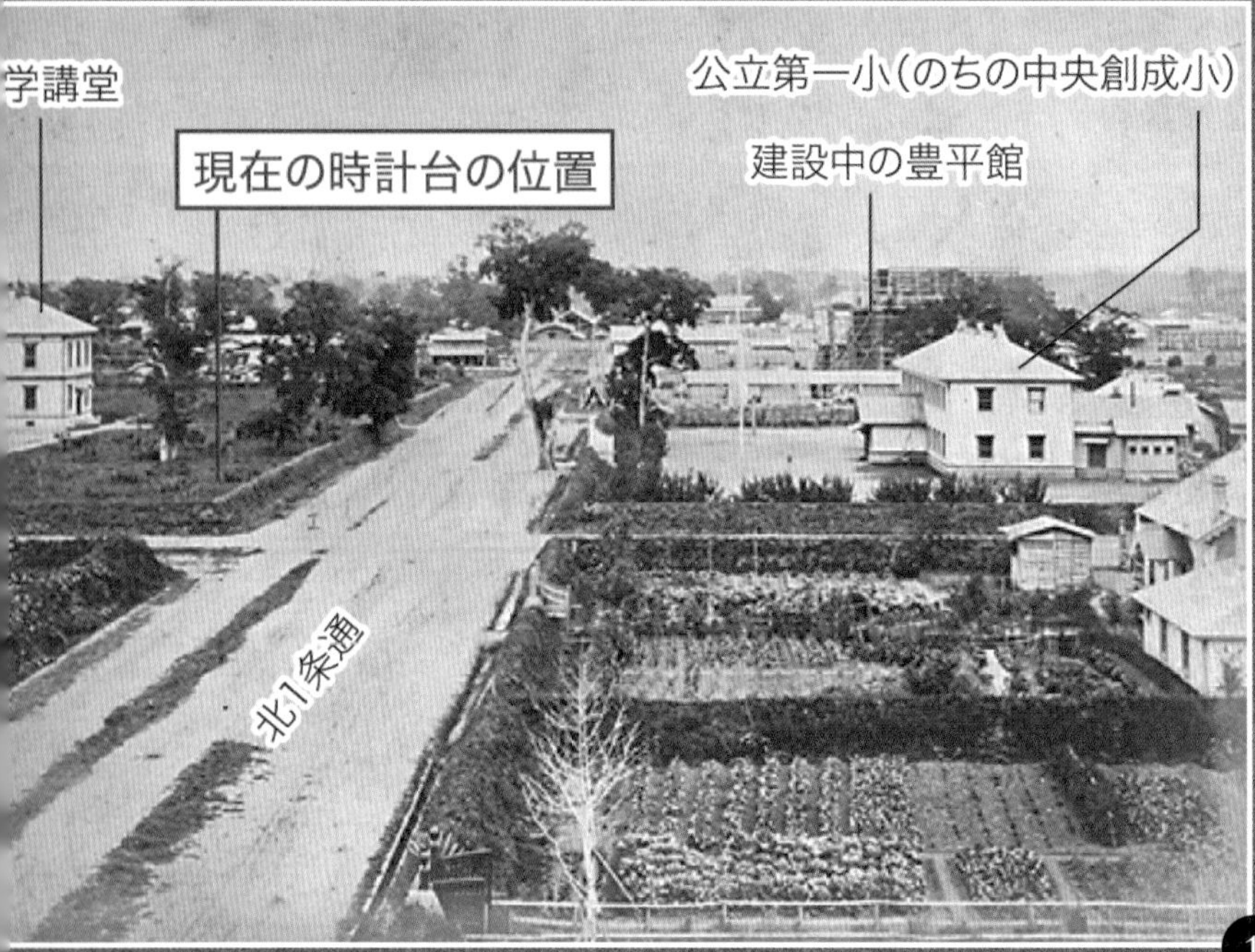

1

2

1890年（明治23年）ごろ、北側から撮影した札幌農学校の校舎。手前から天文台（観象台）、北講堂、時計塔が設置された演武場を確認できる（北大付属図書館所蔵）

たのは、開拓長官・黒田清隆だったと言われています。

そこで農学校は米国のハワード時計商会に塔時計を注文しました。しかし、1879年（明治12年）、札幌に届いた時計機械は予想以上に大きく、鐘楼に収まらないことが分かります。農学校側と資金を出す開拓使の間でやりとりがありましたが、結局、1881年（明治14年）に演武場を改修し時計塔を設置。また、標準時を計測するための天文台（観象台）を1879年、北講堂の隣に建てました（写真❷）。札幌農学校の創立25周年では演武場にお祝いのイルミネーションが飾り付けられました（写真❸）。

1903年（明治36年）、札幌農学校は現在の北大がある場所へ移転し、旧校舎敷地は当時の札幌区が借り受けました。不要になった旧校舎は民間に払い下げられまし

1879年（明治12年）の札幌農学校全景。農学校は1976年（明治9年）開校。クラーク博士など外国人教師の指導で、校舎や施設の整備が進む。開校から3年後。北講堂、演武場、寄宿舎などが完成し、学校としての体裁が整ってきた様子が見て取れる。北1条通の左側が農学校の敷地で、左側奥に演武場が建つ。北1条通の右側奥には建築中の豊平館が写っている（北大付属図書館所蔵）

1901年（明治34年）、札幌農学校の創立25周年を祝賀し、イルミネーションで飾った演武場。札幌で電飾は初めてだったという（北大付属図書館所蔵）

たが、演武場だけは別でした。住民から保存を求める声が強く、札幌区が購入することになったのです。ただ、演武場は現在の北2条通の真上に位置していました。街区を整備する上で不都合なため、1906年（明治39年）、約100メートル移動させ、現在の北1西2の南西角が安住の地となったのです（写真❹）。

　時計には保守作業が欠かせません。札幌市時計台が130年以上も時を刻み続けてきたのは多くの人が狭い機械室の中で作業を続けてきたおかげです。そのなかで特筆したい時計技師に井上清さん（写真❺）、和雄さん（写真❻）親子がいます。清さんは1933年（昭和8年）から、和雄さんは2014年に第一線を退くまで、時計台を守り続けました。

　札幌区（市）に移管後の時計台は、図書館として使用

4

1910年（明治43年）、北1西2の南西角に移転した後の時計台（左）。手前の建物は札幌区役所。現在の札幌市庁舎駐車場のところに建っていた。「時計台建立80周年記念誌」より転載

5

時計台を守り続けた時計技師の井上清さん。止まったまま放置されていた時計を見かねて、最初はボランティアで保守作業を始めた。1975年4月20日の北海道新聞に掲載

6

清さんの長男和雄さんは戦後間もなくから手伝い、時計台守を引き継いだ。2013年12月8日の北海道新聞に掲載

された時期が長くあります。1911年（明治44年）、北海道教育会が事務所として札幌区から時計台を借り受け、付属図書館を開設したのが始まりです。1950年に市立図書館となり、1966年、北2西12に新しい図書館が建設されるまで、多くの市民が利用しました（写真❼）。時計台はその後、「札幌歴史館」（写真❽）など、展示を中心とした運用が行われ、現在は2階をコンサートなどのホールとしても利用しています。

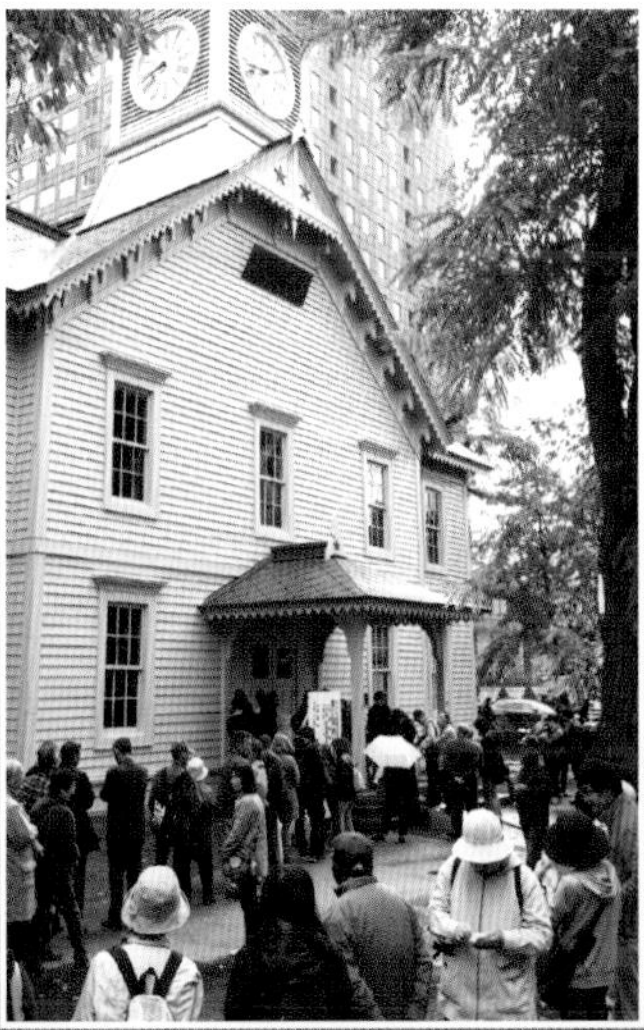

時計台の建物は1961年に市の有形文化財、1970年には国の重要文化財に指定された。これも先人たちが修復工事を重ねてきた結果にほかならない。戦前だけでも、移転時の1906年（明治39年）、1924年（大正13年）、1933年（昭和8年）に改修。戦後も1949年、1967年、1995～1998年に改修、修復工事が行われ、2018年に20年ぶりの大規模改修が終わったばかり。時計台は、北海道大学誕生の地に建ち、札幌農学校の記憶を次代につなげる貴重な建物である。2018年11月2日の北海道新聞に掲載

7

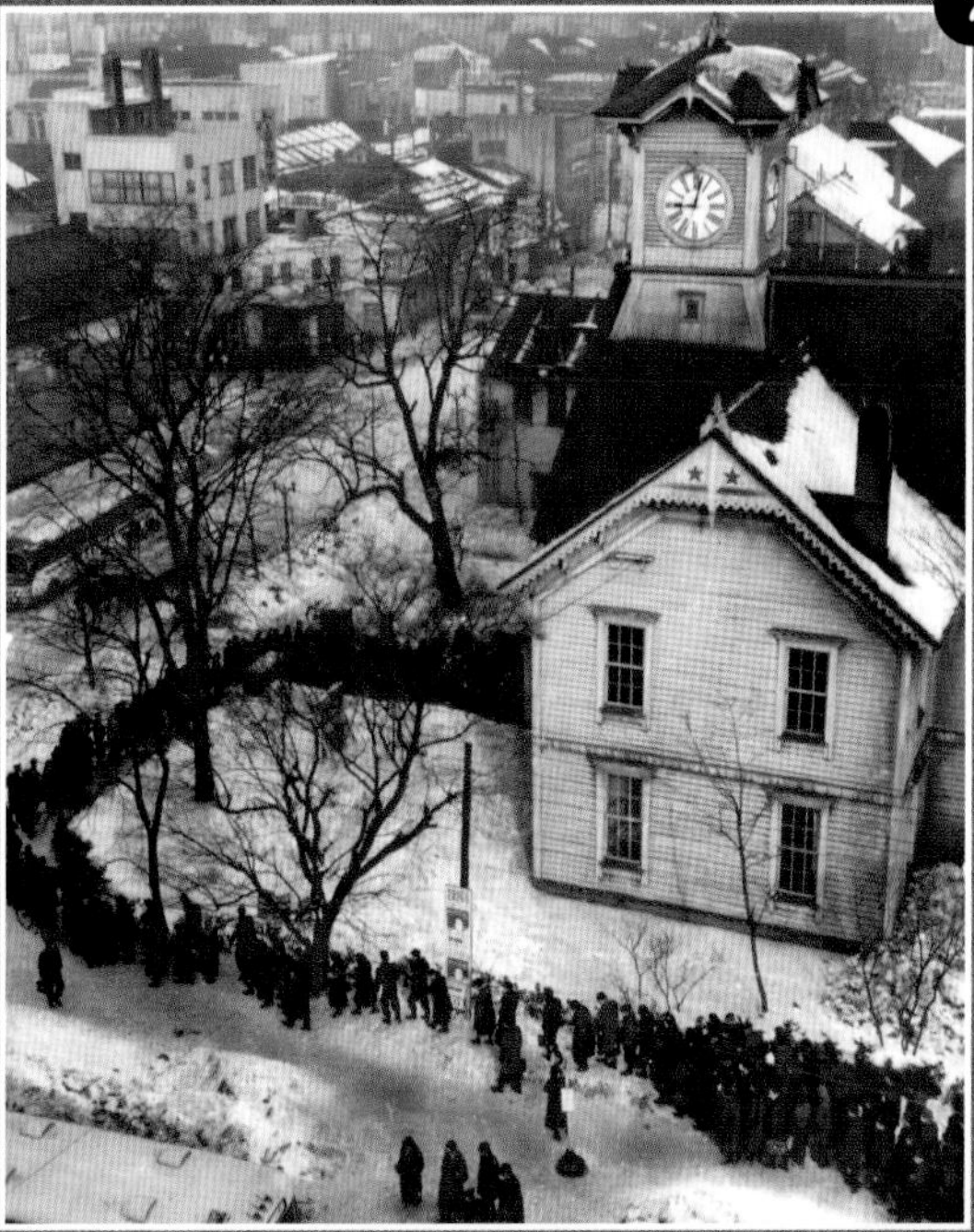

市立図書館時代の時計台で勉強しようと、開館前から並んで待つ受験生たち。この日は定員200人に対し、500人が訪れ、昼すぎまで席が空くのを待つ学生もいた。1957年2月18日の北海道新聞に掲載

8

1976年、時計台2階にオープンした「札幌歴史館」。ベルン時計塔の鐘など、世界の名鐘を聴ける電話が人気を集めた。1978年には全館でオープン。1976年12月29日の北海道新聞に掲載

札幌市役所庁舎

街と共に大きく高く

木造2階建てフランス・ルネサンス様式のなかなか趣のある建物（写真❶）。1936年（昭和11年）ごろに撮影された写真に写っているのは初代の札幌市役所庁舎です。住所は、現在の市役所と同じ北1西2。今は来庁者の駐車場になっているところに西向きにありました。北1条通を挟んで北隣が時計台だったということになります。

開拓以来、北海道の地方制度は長い間、本州府県と異なっていました。札幌の場合も地方自治体としての体制が整ったのは1899年（明治32年）に北海道区制が施行され、札幌区となってから。この建物も1909年（明治42

❶ 1936年（昭和11年）ごろ撮影の旧市役所庁舎。現在、市役所駐車場がある場所に西向きに立っていた。時計台が隣に、豊平館もすぐ近くにあった。「札幌市写真帖」（1936年）より転載

1971年11月23日に新庁舎の正面玄関前で行われた開庁式で話す板垣武四市長（北海道新聞社所蔵）

年）に札幌区役所として建設され、1922年（大正11年）の市制施行に伴い市役所となりました。

札幌市の発展とともに手狭になり、1937年（昭和12年）に完成した北1西4の新庁舎（写真❷）に移転。鉄筋コンクリート4階建ての当時としては巨大な建物で、北1条通に面して北側に建てられました。現在、札幌グランドホテル別館が立っているところです。写真❷は、1960年ごろの撮影ですが、5階部分が増築されていることが分かります。

現在の札幌市役所庁舎は三代目（写真❸）。政令指定都市移行と札幌冬季五輪を翌年に控えた1971年に完成しました。敷地は中央創成小（1965年に西創成小と統合）の跡地。当時は札幌市で最も高いビルでした。役割を終えた二代目庁舎は1973年に取り壊されました。

2

北1条通に面した二代目の市役所庁舎。1960年ごろ撮影。現在の札幌グランドホテル別館の場所（札幌市公文書館所蔵）

3

現在の札幌市役所庁舎（中央）。手前の駐車場が初代庁舎が立っていた場所（2017年1月撮影）

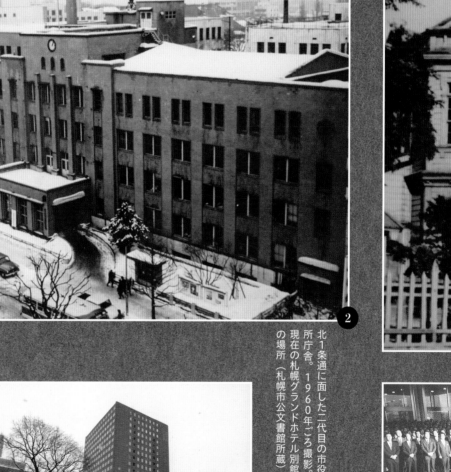

道庁 赤れんが庁舎

八角形ドームを復元

道庁赤れんが庁舎は美しい歴史的建造物として今も昔も札幌の名所のひとつです。1969年には国の重要文化財にも指定されています。写真❶は1930年（昭和5年）ごろに撮影された赤れんが庁舎の冬景色ですが、よく見ると屋根の上に、シンボルともいえる八角形のドームがないのが分かるでしょうか。

実は1888年（明治21年）の落成から130年に及ぶ歴史の中で、赤れんがが庁舎の屋根にドームが設置されていた期間と、撤去されていた時期の期間は、現時点からさかのぼると、ほとんど変わらないのです。

1879年（明治12年）の

❶ 1930年（昭和5年）ごろに撮影された道庁の冬景色。このとき屋根に赤れんが庁舎のシンボルともいえる八角形ドームはなかった（札幌市公文書館所蔵）

近年の道庁赤れんが庁舎（2017年1月20日撮影）

開拓使本庁舎焼失から9年後、赤れんが庁舎は落成し、開拓のシンボル・八角形ドームもよみがえります。ただ、最近の研究では当初設計にドームの予定はなかったといいます。幹部の鶴の一声で急に決まったのでしょう。

このときの設計変更と構造的欠陥がたたり、数年後、ドームは撤去されてしまいます。1909年（明治42年）の失火による火災で外壁を残し屋根と内部を焼失しますが、これも、ドーム設置に予算を回し、防火設備をおろそかにしたのが遠因とされています。復旧工事は1911年（明治44年）に完成しましたが、ドームは戻されませんでした。

現在の姿に復元されたのは57年後の1968年のことです（写真❷）。道が、北海道100年記念事業として赤れんが庁舎の全面改修工事を行い、ドームを完全に復元しました。

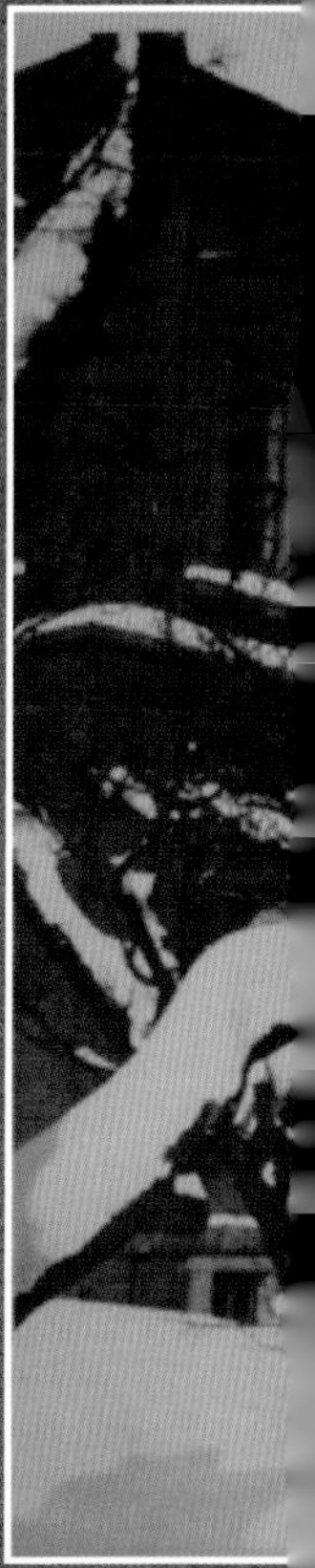

2

復元工事中の道庁赤れんが庁舎。撮影は1968年。このときの改修でドームのほか煙突、換気塔、飾り窓なども復元された（札幌市公文書館所蔵）

第2章
まちの変遷

大通バスセンター

市営バス 都心を発着

地下鉄が開通する前、札幌市民の足を支えていた公共交通の主力は、市営バスと市電でした。2004年のバス事業廃止で市営バスはもう走っていませんが、かつてバス路線のほとんどは直接、都心部に乗り入れていたのです。

写真❶は1958年ごろ撮影の大通バスセンターの夜景です。

1957年に造成工事を行い、大通西1エリアと併せ本格的な運用が始まりました。

大通バスセンターの運用前後から、このかいわいの景観も次第に変わっていきます。写真❷も1958年ごろの撮影です。当時は現在の大通公園側に大きく突き出たかたち

1

1958年ごろ撮影の大通バスセンター。場所は大通西2。勤め帰りなのか。多くの人がバスを待っているのが分かる。さっぽろテレビ塔の立つ大通西1と西2にまたがって運用されていた（札幌市公文書館所蔵）

2

さっぽろテレビ塔から撮影された1958年ごろの大通西2。札幌郵便局などの建物が、大通公園側に大きく突き出していた（札幌市公文書館所蔵）

で、札幌郵便局（後の札幌中央郵便局）などの建物が立っていました。南側がバスセンターです。

写真❸は1955年ごろの札幌郵便局を西方面から撮影したものです。

その後、地下鉄の開通で札幌の公共交通は大きく変わりました。市内には地下鉄中心の交通網が形成され、地下鉄主要駅にはバスターミナルが設けられます。主なバス路線は地下鉄各駅と短絡するかたちで再編されたのです。さらに1975年、南1東1に新しい大通バスセンターが完成。20年近く親しまれてきた大通公園のバスセンターは役割を終えました。

3

西方面から1955年ごろ撮影した札幌郵便局。札幌軟石などを使用した石造りの建物で、窓のアーチなど壁面の意匠に趣がある。落成は1910年（明治43年）で、壁面の意匠など美しい石造りの建物だったことが分かる。1961年、郵便局の北4西6への移転に伴い、これらの建物は解体撤去された。その結果、大通公園北側の道路は、現在のように創成川沿いまで1本につながった。

明治の石造りの貴重な建物をなぜ残せなかったのか、札幌中央郵便局の解体を惜しむ声は当時からあった。ただ、幸いなことに隣接していた旧札幌電話交換局は、愛知県犬山市の野外博物館「明治村」に移築され、現在も保存されている。1968年には国の重要文化財にも指定された（札幌市公文書館所蔵）

さっぽろテレビ塔3階から見た現在の大通西2周辺。2017年2月、レストラン「ニュー三幸さっぽろテレビ塔店」から撮影

豊平館

明治の洋館　落成は大通

豊平館《ほうへいかん》は札幌を代表する明治期の美しい洋風建築です。1964年には国の重要文化財に指定されています。現在は中島公園に移築されていますが、もともとは北1西1から大通西1にまたがる広い敷地の中にありました（❸の地図参照）。写真❶は1922年（大正11年）ごろ撮影の豊平館です。

木造2階地下1階建て建物の落成は1880年（明治13年）。開拓使がホテルとして建設しました。明治天皇、皇太子時代の大正天皇、摂政時代の昭和天皇が宿泊したことでも知られています。

1922年、当時の宮内省から札幌市に移管され、市民

1

1922年（大正11年）ごろ撮影の豊平館。北1西1から大通西1にまたがる敷地の中に、木々に囲まれ、前庭には池や築山などがあったことが分かり、現在の中島公園移転後のロケーションとよく似ている。「札幌市写真帖」（1936年）より転載

2

北1条通に面した札幌市公会堂。1933年（昭和8年）撮影（札幌市公文書館所蔵）

の会合や集会など会館として利用されるようになりました。さらに1927年（昭和2年）、北側に隣接して札幌市公会堂が建設され、一体で運営されるようになります。写真❷は北1条通側から撮影した落成直後の公会堂です。木造とはいえ重厚な外観の建物だったことが分かります。1500人収容の大ホールを持ち、豊平館と渡り廊下でつながっていました。

　1958年、豊平館は中島公園に移築、公会堂は取り壊され、この場所に札幌市民会館が新築されます。1957年にさっぽろテレビ塔が開業、1959年には創成川寄りの一画にNHK札幌放送会館が完成し、豊平館があった時代の景観は一変しました。市民会館も2007年に解体、現在その跡に札幌市民ホール（カナモトホール）が立っていますが、2021年にNHKも移転しました。

さっぽろテレビ塔建設中の豊平館周辺。1956年7月撮影（札幌市公文書館所蔵）

3

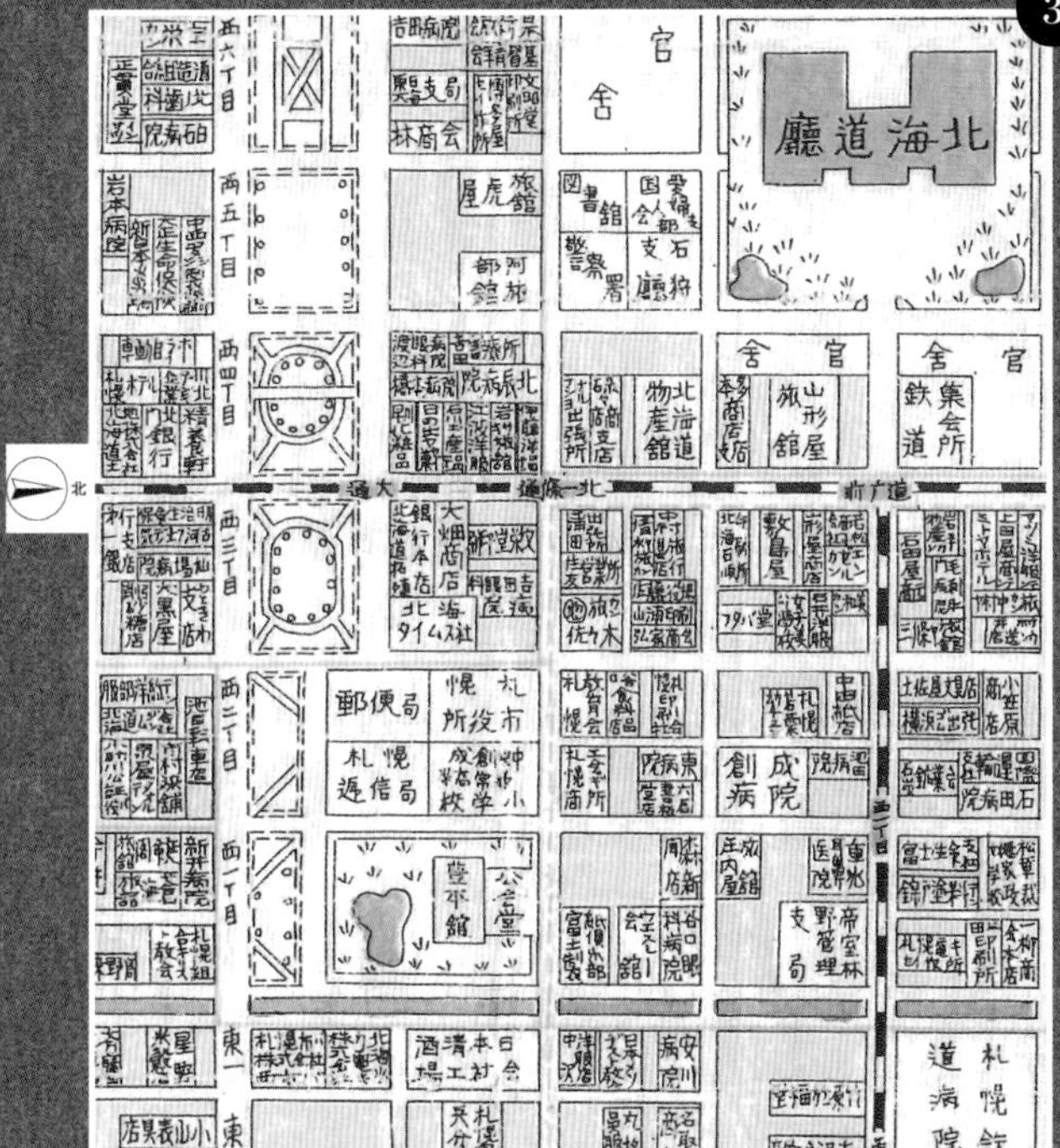

昭和初期の大通西1～6丁目付近の市街図。1929年（昭和4年）発行の「大日本職業別明細図」（札幌市公文書館所蔵）より

創成橋かいわい

道都の基点、祭りでにぎわう

創成橋かいわいは、札幌の街建設が始まった地。橋のたもとは住居表示の基点になりました。川沿いは物流の拠点、祭りの広場としても市民に愛されました。北海道神宮（1964年までは札幌神社）の例祭である札幌まつりは、初夏を呼ぶ一大イベントとして市民に長く親しまれてきました。人々でにぎわう写真❶は、1958年に撮影された祭りの様子です。場所は創成川河畔。縁日が立つようになった明治中期以降、ここが主会場でした。最初は川沿いに南1条から南3条辺りまで。その後は南6条までサーカス小屋や露店が立ち並ぶようになります。

❶

札幌まつりでにぎわう創成川河畔。南1条から南6条までサーカス小屋や見せ物小屋、露店などが軒を並べた。1958年6月16日の北海道新聞に掲載

現在の中島公園に移ったのは1960年。前の年、満員のサーカス小屋から出火、多くの負傷者を出すという惨事がありました（写真❷、❸）。これをきっかけに安全面を考え移転が決まったのです。

円山の社殿や境内から離れた創成川河畔に、祭りの縁日が立つようになったのも、不思議な感じがしますが、これは札幌の歴史に深く関わっていると考えられます。

1869年（明治2年）開拓使判官の島義勇《よしたけ》によって札幌本府の建設が始まります。そのとき街づくりの基点としたのは、原野を南北に流れる大友堀と、現在の南1条通が交わる創成橋のたもとでした。直後、島は解任されますが、後任の判官岩村通俊《みちとし》も、島の計画をもとに街づくりを進めました。一つに、創成川の基となった大友堀の改修があります。舟が通れるよう拡張したのです。

2

1959年6月15日午後、南4西1のサーカス小屋から出火。白煙を上げて燃える。中央付近の鉄塔は狸小路商店街の有志が建てた広告塔。同日の北海道新聞夕刊に掲載

3

火事ではけが人だけではなく、サーカス団のライオンやトラなどの動物が焼死、逃げ出したゾウが民家に飛び込んで被害を出した。写真は火事で逃げ出し民家に飛び込んだゾウ。1959年6月15日の北海道新聞夕刊に掲載

これにより一帯は街づくりのための資材の一大集積地になり、創成橋かいわいは商業地として発展します。祭りの縁日が立つようになったころ、札幌では数少ない繁華街の一つだったのです。

写真❹は1871年（明治4年）、大友堀の改修から間もない時期に撮影された創成橋の様子です。実はこのとき橋の名前はまだありませんでした。岩村がこれを創成橋と命名、創成川という河川名も、橋の名が由来だといわれています。

暴れ川だった豊平川の扇状地にある札幌は、何度も洪水に襲われました。創成橋もたびたび流され、頑丈な石造アーチ橋に架けかえられたのは1910年（明治43年）のことです（写真❺）。その後、橋上を市電が走っていた時期もありますが、1978年に大規模補修されるまでビクともしませんでした。現在の

4

1871年（明治4年）撮影の創成橋。奥に写る建物は官吏などの宿泊施設だった札幌本陣。後に札幌農学校のクラーク博士が居住したことで知られる。函館で活躍した写真師・田本研造撮影（北大付属図書館所蔵）

5

創成橋は1910年（明治43年）石橋に架けかえられた。撮影日時は不明だが、馬車鉄道が走っていることから考え、大正初期の撮影と思われる（札幌市公文書館所蔵）

6

現在の創成橋。アーチ造りのモダンな土台と和風の欄干が特徴。橋の東たもとには、「北海道里程元標」「札幌建設の地碑」が、西側のは創成川の基となった「大友堀」を設計、掘削した大友亀太郎像がある（2018年4月撮影）

橋（写真❻）は2004年に始まった、創成川通アンダーパス工事に伴い一時期解体され、2010年に復元されたものです。

　創成橋かいわいの趣ある建物といえば、河畔の西側にあった札幌市消防本部の大望楼（写真❼）も、長く市民に親しまれてきました。1927年（昭和2年）の建設で高さは41メートル。札幌のシンボル的存在で、市民は「トッカブ」と呼んでいたといいます。消防組織の呼び名「特科部」が由来かもしれませんが、よく分かっていません。消防の移転に伴い1965年、解体されました。

　北海道新幹線札幌駅のホームが現駅の東側に決まり、「創成川イースト」の再開発に注目が集まっています。創成橋かいわいもまた、大きく変わりそうです。

❼

大通西1の創成川沿いに1927年（昭和2年）完成した札幌市消防本部の望楼（1965年解体）。現在のテレビ塔の南側にあり、当時は、札幌一高い建物として市民に親しまれた。1954年撮影（札幌市公文書館所蔵）

豊平橋

暴れ川に勝った名橋

写真❶は3連アーチが特徴だった先代の豊平橋の美しい姿です。

完成したのは、道路が「室蘭街道」と呼ばれていた1924年（大正13年）。橋の上には路面電車も走り、1965年に解体されるまで40年近く市民に親しまれました。現在の豊平橋（写真❷）は1966年完成です。

写真❸は、現在の豊平橋があるところに、初めて架けられたといわれる丸木橋です。撮影は完成直後の1871年（明治4年）。

当時の豊平川は幾筋にも分かれており、最初の丸木橋は西側の傍流に架けられたものだったそうです。その後も順

❶
3連のアーチが美しい先代の豊平橋（橋長約120メートル、幅約18メートル）。1958年11月22日の北海道新聞に「日に四千台もの自動車が通る現在の豊平橋」として掲載された。〝弾丸道路〟の異名を持っていた「国道36号」が豊平川を渡る橋。構造の素晴らしさや姿の美しさから、旭川の旭橋、釧路の幣舞橋と共に北海道の三大名橋とも呼ばれた

次、筋ごとに丸木橋が架けられていき、1873年（明治6年）に両岸が橋でつながれ、渡船の時代に終わりを告げました。

しかし、豊平川は毎年のように氾濫する暴れ川。丸木橋ではひとたまりもありませんでした。開拓使は、開拓使本庁舎の設計などにも携わったN・W・ホルトに恒久的な架橋の設計を依頼。1875年（明治8年）に2連からなる木造の橋（写真❺）が完成しました。これは一部の部材に練鉄棒を使用しており、日本で最初の洋式橋りょうといわれています。

この橋も1877年（明治10年）の洪水で流失。すでに帰国していたホルトに替わり、札幌農学校（現・北大）で土木などを教えていた教師（後に教頭）ホイーラーに再建が委ねられました。ホイーラーの設計で1878年（明治11年）に完成したのが写真

2

現在の豊平橋（2017 年 12 月撮影）

3

現在の豊平橋がある場所に 1871 年（明治 4 年）、初めて架けられた丸木橋。ここは幕末の 1857 年（安政 4 年）、札幌越新道（後の室蘭街道）が開削されたところで、両岸に渡守が住み、舟で通行していた。渡守は右岸が志村鉄一、左岸が吉田茂八。2 人は札幌に定住した初めての和人とされている。現在、両岸にそれぞれを記念した碑が立つ（写真❹）。写真❸の右側に写る人物が札幌側の渡守・吉田茂八だといわれる。1871 年、函館の写真師・田本研造撮影（北大付属図書館所蔵）

4

❻の橋です。これは改修などを繰り返しながら10年近く持ちこたえ、1888年（明治21年）に同じ構造の橋に改築されています。

流失と架橋の歴史はまだ終わりません。写真❼は1897年（明治30年）ごろの惨状です。手前にあるのは1888年改築の豊平橋の残骸と思われます。道庁は鉄橋化を決断、道庁技師だった岡崎文吉の設計で、1898年（明治31年）に道内初の鉄橋を完成させます。写真❼の奥に見えるのが、完成間近の鉄橋といわれています。

この間、堤防を築くなど治水工事も少しずつ進んでいたのですが、1909年（明治42年）の洪水でこの鉄橋も大きく傾いてしまい、以降、仮橋でしのぐ年月が10年以上も続きました。そして、30回を超えるといわれる架橋と流失の歴史に終止符を打ったのが、冒頭に紹介した先代の豊

5

1875年（明治8年）完成のホルト設計の豊平橋。1876年ごろ撮影。右側が豊平側（北大付属図書館所蔵）

6

ホイーラーの設計で1878年（明治11年）に改築された豊平橋。左側が豊平側（北大付属図書館所蔵）

1962年に豊平橋付近で撮影された交通渋滞の様子（北海道新聞社所蔵）

3連アーチが特徴だった豊平橋（1962年、北海道新聞社所蔵）

平橋だったのです。設計は道庁技師の山口啓助、技手の高橋勝衛。「タイドアーチ型式」という当時の最先端を行く型式を採用し、強さと美しさを兼ね備えた鉄橋でした。

風格ある美しさで観光名所でもあった先代の豊平橋。暴れ川にびくともしなかったアーチ橋ですが、モータリゼーションの波には勝てませんでした。戦後、自動車の普及に伴う国道36号拡幅で豊平側の道路が幅27メートルに広げられると、幅約18メートルだった豊平橋で渋滞が発生。架け替えられることになりました（写真❽）。機能性に優れた現在の豊平橋ですが、先代の写真を見てしまうと、ちょっと味気ない気がする方も多いのでは。

7

1897年（明治30年）ごろ撮影された、洪水によって破壊された豊平橋。残骸は1888年に改築された豊平橋ではないかといわれている。写真奥に完成間近の鉄橋が見える（北大付属図書館「明治・大正期の北海道（写真編）」から転載）

8

架け替え工事が始まり、下流側に造られた仮橋（1965年6月）。この後、写真中央の先代・豊平橋は解体され、同じ場所に現在の豊平橋が造られた（北海道新聞社所蔵）

すすきの交差点

変化激しい街の玄関

すすきの交差点は、薄野地区の中心であり、全国有数の歓楽街であるススキノの玄関口でもあります。札幌駅前通りと国道36号の交差点。南4西3の角にあり、ニッカウヰスキーの巨大なネオンなどでおなじみの「すすきのビル」と、2020年に解体された南4西4側のファッションビル「ススキノラフィラ（旧ススキノ十字街ビル）」は、この街のにぎわいを象徴するランドマーク的な存在でした。

写真❶は、後にこの二つのビルが建つ交差点南側の夜景を1963年に撮影したものです。60代半ば以上の人には懐かしい景観ですが、現在と違い、当時の薄野は、低層の

1

1960年代初頭のすすきの交差点南側の夜景。路面電車は交差点で東西に分岐していた（1963年、北海道新聞社所蔵）

3

札幌冬季五輪直前、1970年8月撮影の交差点。左にはニッカウヰスキーの初代ネオン、右に東京堂書店。交差点の上には路面電車の架線が見える（札幌市公文書館所蔵）

建物がほとんどだったことが分かります。高層化が急速に進んだのは、冬季五輪を控えた1970年前後のことでした。

「千歳鶴」などのネオンが屋上にある建物には、店舗の入り口が西向きだったため、写真❶からは分かりませんが、札幌で一、二を争う人気キャバレー「モロッコ」が入っていました。建物のオーナーでもあったモロッコ（現・株式会社さいとう）が1969年、地上8階地下2階建てのすすきのビルに建て替えたのです。

一方、南4西4の角にあったのは東京堂書店です。医学書の充実で知られる書店で、現在も北24条店に統合して営業を続けています。東京堂書店の南側は、飲食店が軒を並べる建物で、当時を知る人によると「岡田屋アパート」と呼ばれていたそうです。

この一画に札幌松坂屋を

2

2001年の交差点の夜景。1986年にリニューアルされたニッカの2代目ネオンが輝く。路面電車は地下鉄南北線開業に伴い多くの路線が廃止。1973年以降は、すすきの停留場で折り返しとなり、交差点の上に架線はない（2001年撮影、北海道新聞社所蔵）

4

現在の交差点。ニッカウヰスキーのネオンは2002年にリニューアルされた3代目。2013年には光源がLEDに交換され、輝きを増した。路面電車は2015年に都心線の一部が再開通してループ化。最新の低床車両「ポラリス」も運行。（2017年4月6日撮影）

キーテナントとする「ススキノ十字街ビル」が落成したのは1974年のことです。その後、キーテナントはヨークマツザカヤ、ロビンソン百貨店、ラフィラと変わっていくのですが、これも変化の激しい街・薄野ならではといえるでしょう。

変化といえば、すすきのビル壁面のニッカの巨大ネオンは現在が3代目。ビル落成と同時に設置された初代（写真❷）、その後1986年につくられたのが2代目（写真❸）です。現在のデザイン（写真❹）に刷新されたのは2002年です。

※ところで、北海道新聞での表記は、地名が「薄野」、歓楽街の名は「ススキノ」、地下鉄や市営電車の駅名は「すすきの」です。みなさんは、どの表記になじみがあるでしょうか。

すすきの交差点から北を望む。札幌駅前通りを走る市電西4丁目線は札幌駅前方面へ延びていた（1953年、北海道新聞社所蔵）

1950年代の交差点。右の路面電車は山鼻線、山鼻西線に接続。左の豊平線（1971年廃止）は、豊平橋を渡り豊平へ延び、定山渓鉄道に接続していた（1958年、北海道新聞社所蔵）

厚別・信濃

この地が街の始まり

白石区から分区して厚別区が誕生したのは1989年。では、「厚別＝あつべつ」という名は——。

白石区との区界である厚別川のアイヌ語地名に由来するのですが、この川はもともとは「あしりべつ川」と呼ばれていました。上流の清田区では現在も「あしりべつ」の名で親しまれており、さらに上流の滝野すずらん丘陵公園（南区）にある滝の名もアシリベツの滝です。

「厚別」と書いて「あつべつ」と読んだ最初は、1894年（明治27年）に開業した厚別駅でした。現在のJR厚別駅です。

この一帯の本格的な開拓

1978年の旧国鉄厚別駅（札幌市公文書館所蔵）

旧国鉄厚別駅（1979年、北海道新聞社所蔵）

は、1882年（明治15年）、幌内鉄道による札幌〜幌内（後の国鉄、現在のJR函館線）の鉄道開通に始まります。その翌年、長野県（信州信濃）から8戸が入植。現在の厚別駅周辺から川下（現・白石区）にかけての一帯は「信州開拓地」または「信濃開拓地」と呼ばれました。この地区の開拓が進み、厚別駅が新設されたのです。

こうした歴史を考えると、分区の際、なぜ川下地区は白石区に残されたのでしょうか。「厚別区民歴史と文化の会」の松山瑞穂代表世話人によると、川下地区の南にある流通センターが区で分断されるのを避けたことなどが理由とされているそうです。

信濃の名は、信濃神社、信濃小、信濃中、信濃交番などに今も残っています。

信濃神社は最初に入植した人たちが創建した、厚別区で最も古い神社です。記念誌「信

1966年の厚別駅（旧国鉄）ホーム。当時は駅の陸橋がなく、ホームから駅舎へ踏み切りで渡っていた（1966年11月、北海道新聞社所蔵）

現在のJR厚別駅。ホームは陸橋でつながれ、それと平行するように線路をまたぐ歩道橋（自由通路）があり、橋上に西口改札もある。2017年8月7日撮影

濃神社百年」によると、最初は厚別川と三里川の堤防近くの線路沿いに小さな祠《ほこら》を祭ったとされています。1897年（明治30年）に現在地（厚別中央4の3）に移転、社殿が建立されました。1978年に現在の社殿に建て替えられましたが、1897年建立の本殿は、北海道開拓の村（厚別町小野幌50）に移築保存されています。

　信濃神社の隣にある信濃小は区内で最も古い小学校。厚別駅から信濃神社と信濃小の前を通る道が「厚別停車場通」で、停車場通と国道12号との交差点（厚別中央3の3）はかつて「旭町十字路」と呼ばれました。このあたりがもともとの厚別の中心部。郵便局も銀行もありました。

　しかし、1970年代半ばから始まった副都心計画によって、中心部は新札幌エリアへと移りました

1897年（明治30年）、現在地に創建された当時の信濃神社。左の本殿が現在、北海道開拓の村に移築保存されている（厚別区民歴史と文化の会提供）

北海道開拓の村にある旧信濃神社。間口が2本の柱で構成される「一間社《いっけんしゃ》流れ造り」という、神社によく用いられる様式。2017年8月撮影

信濃神社（1983年、北海道新聞社所蔵）

現在の信濃神社。2017年8月7日撮影

月寒

〝軍都〟旧豊平町の中心

かつて月寒は「軍の町」でした。1896年（明治29年）、陸軍第7師団が月寒村に置かれます。兵営が建設されたのは、現在の月寒中央通（国道36号）付近。その後、師団司令部といくつかの部隊は旭川へ移りますが、歩兵第25連隊は残り、農村だった月寒は、軍都として歩み始めます（写真❶）。

月寒村は1902年（明治35年）、豊平村、平岸村と合併し、新しい豊平村となりました。1908年（明治41年）には町制が敷かれ、豊平町に昇格します。その2年後、旧豊平村の一部が札幌区に編入されたため、旧豊平村にあった町役場は月寒の連隊近くへ

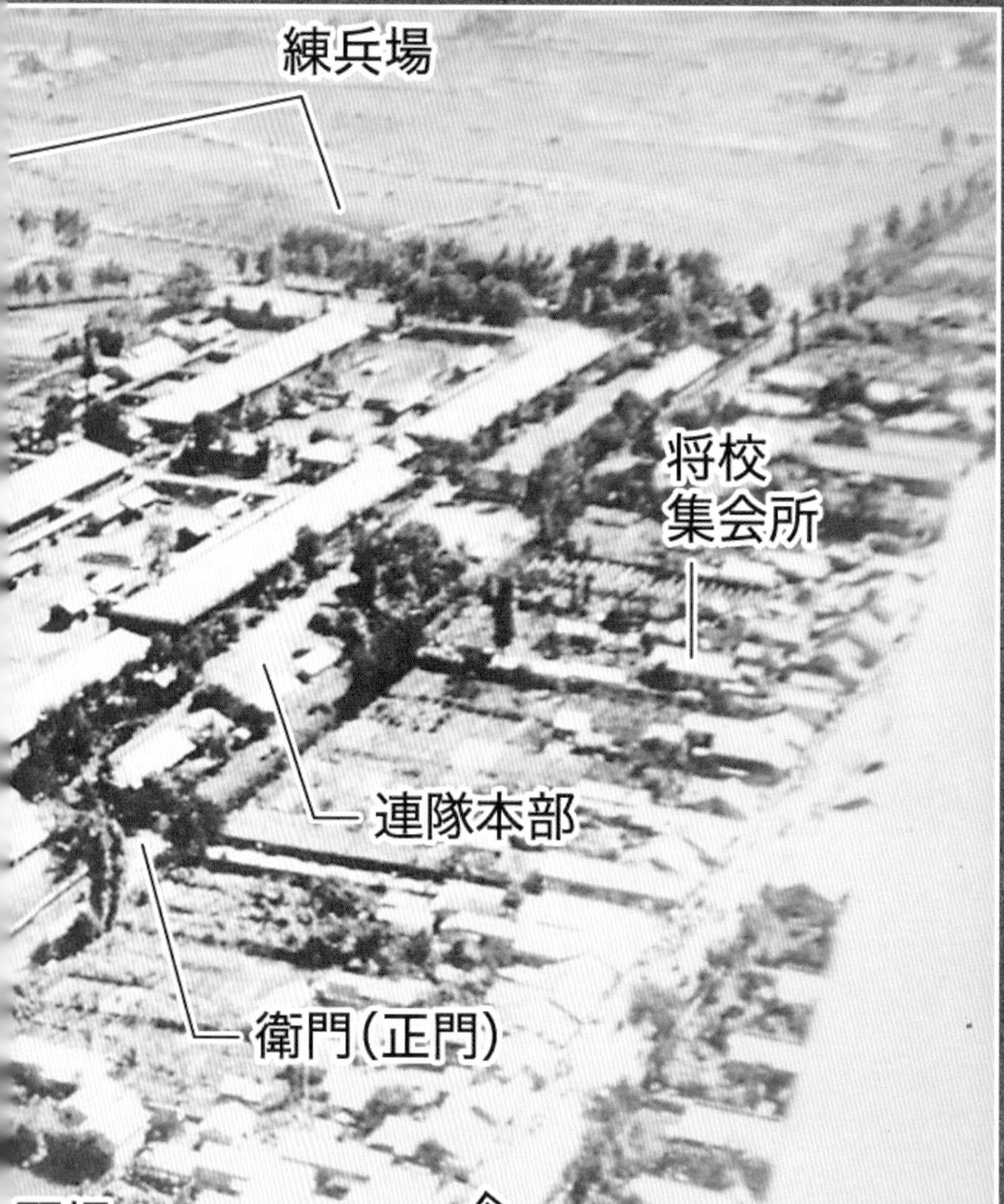

移転します（写真❷）。付近には軍へ商品を納めるため商店街も形成されていました。以降、月寒は豊平町の行政の中心として発展していきます。

連隊は町づくりにも関与します。白石駅と月寒の連隊を結ぶ「連隊通り」を自力で建設したほか、月寒と平岸を結ぶ「アンパン道路」の開削（写真❸）にも協力しました。

町役場が月寒に移転した当時、月寒と平岸を直接結ぶ道路がなく、平岸の人々が役場に行くのは大変不便でした。新道路の開削は難工事でしたが連隊の応援で1911年（明治44年）に完成します。工事の際、兵士の士気を高めるため毎日、アンパン5個を支給したことから「アンパン道路」と呼ばれるようになりました。

1937年（昭和12年）に日中戦争が始まると、札幌市と豊平町には軍の施設が次々造られます。1940年（昭和

❶

歩兵第25連隊の兵営は当初、平岸に設置予定だったが、地価高騰のため月寒に変更した。写真は1932年（昭和7年）、北海タイムス（北海道新聞社の前身）のセスナ機から撮影（札幌市公文書館所蔵、建物の配置は「豊平区の歴史」から）

15年）には北海道、東北、樺太、千島を管轄する「北部軍司令部」を月寒に開設します。

　月寒の軍施設は敗戦後、多くが学校などの公共施設に転用されました。れんが造り2階建ての旧北部軍司令官官邸は戦後、北大の月寒学寮として使用され、現在は「つきさっぷ郷土資料館」として連隊や街の歩みを示す資料約4千点を展示しています。

　連隊の練兵場跡にできたのが、道営札幌競輪場です（写真❹）。1950年から道営競輪が開催され人気を集めましたが、公営ギャンブル反対の声が強まり、1960年度で廃止されました。

　豊平町は1961年に札幌市と合併。競輪場跡地には「月寒運動広場」が整備され、冬場はスケートリンクを造って、一般開放しました（写真❺）。1971年には月寒屋内スケート競技場が完成し、翌1972年の札幌冬季五輪

2

豊平町役場は1910年（明治43年）、月寒に移転（現在の月寒西1─6、月寒児童会館付近）。写真は1934年（昭和9年）にできた新庁舎。役場は1956年、現在の月寒中央通7丁目に移った（札幌市公文書館所蔵）

月寒と平岸を結ぶ「アンパン道路」は、ルートの起伏が激しく、水田の埋め立ても必要な難工事。住民の協力と、歩兵第25連隊の助力を得て完成した。写真は平岸側から月寒方向を撮影（つきさっぷ郷土資料館所蔵）

3

4

歩兵第25連隊の練兵場跡に建設された道営札幌競輪場。1950年に始まった道営競輪には札幌や近郊から大勢の人々が詰めかけた。選手宿泊のための旅館も建てられた（つきさっぷ郷土資料館所蔵）

のアイスホッケー競技会場に使われました。現在、同競技場は月寒体育館と名称を変え、多くの市民に親しまれています。

もう一つ、月寒の名を全国に広げた「月寒種羊場」について触れましょう。

1906年（明治39年）に開設された農商務省月寒種牛牧場が始まりで、種羊場は1919年（大正8年）の設置。羊ケ丘という地名の由来にもなりました。雄大な緑の牧場で草をはむ羊の群れは評判を呼びます（写真❻）。

しかし、戦後は観光客の増加で業務に支障をきたす状況となったため、当時の北海道農業試験場は入場制限を打ち出します。そこで札幌観光協会などの関係者が貴重な観光資源を守ろうと協議を重ね、1959年に羊ケ丘展望台ができ、札幌を代表する観光スポットになりました（写真❼）。

5

競輪場跡に冬場オープンした市営月寒スケートリンク。当時の北海道新聞の記事によると、競輪場があった時期も冬場はリンクを造って一般開放していたようだ。写真は1963年1月14日の北海道新聞に掲載

6

羊ケ丘の風景。戦前は「農林省月寒種羊場」「農林省種羊場」などの名称で、戦後、北海道農業試験場に移管された。現在は農研機構北海道農業研究センター。写真は昭和20年代の春先の撮影と思われる（農研機構北海道農業研究センター所蔵）

7

観光客でにぎわう羊ケ丘展望台。開設10周年の1969年撮影。1976年にはクラーク博士像が建立された（札幌市公文書館所蔵）

平岸リンゴ

熱意実り海外に輸出

笑顔でリンゴをもぎ取る女性たち。木陰で休む姿も（写真❶、❷）。平岸はかつて、国内でも有数のリンゴ産地として知られていました。

平岸開拓は１８７１年（明治４年）、岩手県水沢（現・奥州市）から62戸が入植したのが始まり。この年、開拓使がうっそうとした原始林の中に開削した道路が、現在の平岸街道です。道路の両脇には開拓小屋を建てました（写真❸）。

平岸は土地が痩せており、入植者が本州から持ち込んだ作物の栽培はうまくいきません。バッタ大発生や干ばつにも見舞われ、半数以上の入植者が離れ、村の存続が危ぶま

1

早生（わせ）リンゴの収穫に忙しい女性たち。１９５６年８月３日の北海道新聞に掲載

2

作業の合間に、木の下で食事。１９６０年頃の撮影（元リンゴ農家・中井昭一氏提供）

れる事態に陥りました。危機を救ったのがリンゴでした。

　開拓使の顧問、ホーレス・ケプロンが「寒地でも温帯でも生育可能」と栽培を進言し、開拓使が道内各地に苗木を無償配布しました。「平岸百拾年」（1981年発行）によると、1875年（明治8年）～1877年（明治10年）の3年で、平岸村には425本のリンゴの苗木が配られました。

　結実したリンゴを見た人々は、大きさ、甘さに驚き、争って買い求めました。1個の値段が1人前のそばとほぼ同じ値段で売られ、「金のなる木」と注目されます。実業家が平岸の土地を買い、大規模なリンゴ園を経営しました。平岸に入植していた人々もそれに倣って栽培を始め、明治中期には、札幌でも有数のリンゴ園地帯に成長しました。

　明治末に青森県に追い抜かれるまで、リンゴ栽培をリー

3

開拓使が開削した道路（現在の平岸街道）と開拓小屋。道路は延長約2500メートル、幅約18メートル。南平岸南部の天神山の麓から、北側を写したと思われる。1871年（明治4年）、箱館（函館）で活躍した写真師・田本研造撮影（北大付属図書館所蔵）

4

中目新次郎、荒川善太郎、細貝嘉一郎ら若手が、青森県弘前市でリンゴ栽培を修業。ひと冬作業し、青森式栽培法を平岸に持ち帰った。1935年（昭和10年）撮影（札幌市公文書館所蔵）

ドしたのは北海道。その中心が札幌でした。当初は山鼻、元町、苗穂などでも栽培されましたが、相次ぐ病害から次第に下火になりました。しかし、平岸の農家は諦めませんでした。

国内市場だけでなく、ロシア・ウラジオストクにもリンゴを輸出。1908年（明治41年）には平岸果樹組合を設立し、袋かけや農薬の実験に取り組みました。「リンゴの神様」と呼ばれた北大の島善《よし》鄰《ちか》（後の学長）を招いて講演会を開催。島の紹介で、若手10人が先進地の青森県弘前市に出向き（写真❹）、農家にひと冬分宿。一緒に作業して剪定《せんてい》、施肥などを学び、持ち帰って広めました。農家の熱意が実って、「平岸リンゴ」のブランド化に成功。その後、シンガポールにも試験輸出しました（写真❺）。

大正時代には、平岸街道の真ん中をきれいな用水が流

❻ 平岸街道の真ん中に用水が流れ、用水堀の西側を「上の道」、東側を「下の道」と呼んだ。「上の道」は皇族の行幸・行啓の際に使われ、砂利で舗装されていたが、「下の道」は未整備で土ぼこりが舞ったという。用水は1961年に埋め立てられた。1911年（明治44年）撮影。道庁編「東宮殿下行啓記念　明治四十四年」より転載

作況を左右する肥料
水稲には此配合
堆肥と緑肥の施用方法認識
經濟放談
平岸林檎に歡呼の聲あがる
シンガポールから註文
新興酪農地帯に輝かしい授賞
養苗試驗

❺ 平岸リンゴのシンガポール試験輸出を報じる新聞記事。翌年日中戦争が起き、日本と、シンガポールの宗主国イギリスとの関係が悪化。リンゴ輸出の道は絶たれた。1936年（昭和11年）2月17日の北海タイムス（現・北海道新聞）

れ、街道の両側には生け垣に囲まれた大きな屋敷や、札幌軟石のリンゴ倉庫が立ち並ぶ、美しい農村風景が広がりました（写真❻）。

平岸のリンゴ栽培が最盛期を迎えた1947年頃には、リンゴ園の面積は約270ヘクタール（札幌ドーム約50個分）に達しました。この時期を境に、平岸は引き揚げ者などで急増する札幌の人口の受け皿となり、宅地化が急速に進行します（写真❼）。リンゴ園を宅地に切り替える農家が続出。1970年代には平岸からリンゴ園が消え、マンションや店舗が林立する街に変貌しました。

7

天神山から北側を見下ろした風景。リンゴ園が手前から左に広がる一方で、宅地化も急速に進行しているのが分かる。左奥の煙突のある建物が自衛隊病院。右やや上に平岸小が見える。1969年撮影（札幌市公文書館所蔵）

現在の平岸街道（国道453号）

1938年（昭和13年）に建てられた平岸リンゴの共同選果場（平岸2の6）。札幌軟石造りの重厚な建物で、サッポロ珈琲館平岸店が店舗として再利用している。選果場だった当時は1階部分が倉庫、2階部分が共同作業場として使われ、1階には窓がほとんどなかった。札幌軟石の倉庫は貯蔵効果が高く、収穫後、翌年の6月ごろまでリンゴを保存できた（2019年3月撮影）

簾舞と通行屋

本願寺道路の宿場から発展

中山峠を越えて道南と札幌を結ぶ「本願寺道路」（現在の国道230号の原形）が開通したのは1871年（明治4年）。しかし、険しい峠越えは旅客や荷馬にとって非常な難事でした。休憩、宿泊ができる施設が必要となり、開拓使は1872年1月に「簾舞通行屋」を開設。福岡県出身の黒岩清五郎を、屋守《やもり》（管理人）に命じました。

黒岩家が簾舞《みすまい》の最初の定住者となった当時、本願寺道路沿線の石山と定山渓には各一戸ずつしか人家はなかったと、北海道庁がまとめた「移住者成績調査」（1908年〈明治41年〉発行）に記されています。

1

1858年（安政5年）の冬、幕府の「御雇《おやとい》」として、難所の中山峠を越え豊平川流域を探査した幕末の探検家、松浦武四郎は、「従此川（この川より）虻田有珠に道を開かば其弁理如何計（いかばかり）ならん」（西蝦夷日誌）と書いている。札幌から豊平川沿いに、そして上流域から虻田、有珠方面に道を開けば、とても便利になる、といった意味だ。そのとき簾舞付近を通り、簾舞は、アイヌ語で「ニセイオマプ」（断崖絶壁の所にある川）と呼ばれ、後に和人がなまって「ミソマップ」と発音し、1872年（明治5年）に「簾舞」の字が当てられ、この地名が生まれた。写真は、黒岩家2代目の卯太郎の家族と旧簾舞通行屋の住宅。建物は、1887年（明治20年）までは現在の簾舞中付近にあったが、本願寺道路のルートが変わったため現在地に移築された。1907年撮影（黒岩家所蔵アルバムより）

写真❶は、清五郎が郷里の福岡県から呼び寄せ養子縁組し、黒岩家2代目当主となったおいの卯太郎一家。農耕に力を発揮したであろう牛や馬も家族の一員のように写っています。

通行屋の開設を機に、簾舞地区への移住者は次第に増え、周辺の農地も広がり、林業も発達。商店や旅館などが立ち並び、定山渓札幌間の中核的な集落へと発展しました。

本願寺道路は、1873年（明治6年）に千歳回りの「札幌本道」（現在の国道36号）が開通すると、次第に通行者が減り、通行屋は開設12年後の1884年（明治17年）に廃止されます。その3年後には、本願寺道路の改修に伴い、現在地（簾舞1の2）へ移築。黒岩家が代々住み続け、旅館と農業を営みました。住宅の一部を当時の林野局執務室や豊平町役場出張所、私設教育

❷

雨乞いと石鎚《いしづち》神社の分祀《ぶんし》を目的に行われた札幌岳への集団登山。女性や子どもたちの姿が見えないことから、男性のみで登ったと思われる。雨乞いは豊作祈願でもあり、男たちの表情に意気込みが見て取れる。最前列左から3人目で、神札《しんさつ》を持っているのが黒岩卯太郎。1920年（大正9年）7月11日撮影（黒岩家所蔵アルバムより）

❸

紅葉に映える旧簾舞通行屋。右端に立つのは火の見やぐら。2018年10月撮影

所（簾舞小の前身）の教室として提供し、地域の拠点として存続してきました。

住民たちの結束の強さは、写真❷によく表れています。１９２０年（大正９年）に行われた札幌岳（標高１２９３メートル）への集団登山では、地域の男性のほとんどが参加したようです。

簾舞地区は、水田、畑、果樹園があり、農業が主要産業でした。写真❹は１９５８年に撮影した中心部の写真です。リズム良く金づちの音を響かせた小林蹄鉄《ていてつ》所、文房具から菓子・雑貨も扱った山下商店などの店舗があり、山裾には国立北海道第二療養所の建物が並んでいます。通行屋開設から百年の１９７１年には、記念式典や住民パレードが行われました（写真❺）。

通行屋は、築１４０年以上を経た今も健在（写真❸）。札幌周辺に建てられた通行屋の中で現存する唯一の建物で

4

住宅や商店などが立ち並ぶ簾舞中心部。奥の山裾に、国立北海道第二療養所の建物が見える。１９５８年４月、黒岩孝夫氏撮影

5

簾舞通行屋の開設から百年を記念し行われた住民パレード。左の建物が旧通行屋。右隣は斉藤商店。１９７１年９月15日撮影（旧簾舞通行屋保存会所蔵）

す。黒岩家は1981年、住宅を新築して転居し、通行屋は1984年、「旧黒岩家住宅（旧簾舞通行屋）」として札幌市の有形文化財に指定されました。「簾舞郷土資料館」を併設し、往時の生活ぶりや、地区最古の開拓農家の家屋構造を今に伝える貴重な施設となっています。

最後に、定山渓鉄道（1918年〜1969年）に触れましょう。簾舞地区には簾舞駅と東簾舞駅（写真❻）の2駅があり、簾舞から定山渓にかけては、豊平川を眼下に、対岸に断崖絶壁を仰ぐ絶景が人気を呼び、紅葉シーズンは大にぎわいだったといいます。「鉄道のある風景」の記憶を、長く引き継いでいきたいですね。

❻

定山渓鉄道沿線は、冬景色もなかなかのもの。簾舞ダム（右手）を見下ろす場所にあった東簾舞駅を通過する電車です。左奥の険しい岩峰は八剣山。1963年1月、黒岩勲夫氏撮影（黒岩家アルバム所蔵）

現・簾舞中の校庭を見下ろす「二星岱《にせいだい》」（標高228メートル）と呼ばれる山に1934年（昭和9年）、当時の簾舞体育協会がジャンプ台を建設。早稲田大など五輪代表選手を輩出していた強豪校の合宿が行われ、大会も開かれていた。1935年頃の撮影と思われる（旧簾舞通行屋保存会所蔵）

硬石山

道都の礎石　発展下支え

国道230号（石山通）を南下し、石山大橋付近で右手（豊平川左岸）に見える山が、「札幌硬石《こうせき》」を産出する硬石山です。写真❶は頂上付近に広がる採石場。写真❷は1950年代に「開山以来の大石」と記念撮影する石工《いしく》たちです。

札幌硬石は硬質で耐久性が高いため、建物や道路、公園などで、主に強度を要する箇所に建設資材として使われてきました。その歴史は、現在まで140年以上に及びます。

開拓使の請負人、大岡助右衛門が、この山で硬石を発見したのが1872年（明治5年）。明治時代には豊平館や

1

マグマが固まってできた安山岩からなる硬石山。頂上付近から下方に「ベンチ」と呼ばれる採石場が広がる。採石を終えると、植林される。2015年撮影

2

「硬石山開山以来の大石」と言われた石と、札幌硬石株式会社（当時）の石工たち。同社は明治末に石工のでっち奉公から始めた安保寅雄氏が起こした会社で、ハラダ産業の前身に当たる。1953年撮影

北海道庁旧本庁舎（赤れんが庁舎、写真❸）、創成橋（写真❹）など主要な建造物に使われ、開拓期のマチづくりに大きな役割を果たしました。

当初は、本州から腕利きの石工が集められ、5月ごろ来て9月には帰っていました。明治の半ばごろから石工たちの定住が始まり、硬石山のふもとに集落が形成されます。一方、豊平川をはさんだ対岸の石山地区には、主に壁材に使われる「札幌軟石」の採取地、石切山《いしきりやま》がありました。

1909年（明治42年）、軟石と硬石を運搬するために馬車鉄道（馬鉄）の運行が始まり、石山から硬石山、山鼻を通り、札幌方面へ馬がトロッコをひいて石を運びました。豊平川には馬鉄専用の橋を架け、石切山と硬石山を結びました。1918年（大正7年）の定山渓鉄道（定鉄、白石駅〜定山渓駅）開通まで馬鉄は石や人の輸送に活躍し

道庁赤れんが庁舎は1888年（明治21年）の創建時から礎石や腰壁、玄関アーチ、階段などに札幌硬石が使われている

アンダーパス工事に伴う解体後の復元にも、札幌硬石が使われた創成橋。創成川の護岸、置き石、階段などにも使われている

高い崖の上で発破を仕掛ける様子。命綱の欠かせない危険な作業だった。1953年撮影

ました。

明治の開山の頃、すべて人力で行われた採石作業は、大正時代以降、火薬や爆薬で石を砕く発破が行われるようになります（写真❺）。崖の足場がおぼつかない場所で発破を仕掛ける作業は危険が伴いました。採り出した石は大きさごとに選別し(写真❻)、「のみ」や「げんのう」を使って石材に加工します。石工には熟練の技が求められました。

そのころ、硬石山周辺の住民たちは、目の前の豊平川を渡って石山に買い物に行ったり、石切山駅まで行って定鉄を利用したりしていました。豊平川はたびたび洪水に見舞われ、1948年に架けた最初の石山大橋（写真❼）は1年ほどで流されてしまいます。戦前、住民によって造られた小さなつり橋は長期間、暮らしに欠かせない橋として利用されました（写真❽）。

開拓使の官営事業として始

6

まった硬石山の採石は民営となり、現在は2社が行っています。市役所駐車場の石塀、時計台前の歩道の敷石、旭山記念公園の石垣、札幌駅前通地下歩行空間（チ・カ・ホ）の階段の壁、床……。札幌硬石の石材は市内随所に見られます。

長年採石を行っているハラダ産業（南区川沿）によると、現在では路盤材やコンクリート骨材となる砕石（小石状や粉状にしたもの）の生産が主流。「南郷通、石山通、平岸街道などの道路の下にも札幌硬石の路盤材が使われています。胆振東部地震で液状化した東区の道路の復旧にも、硬石山から6万トンの砕石が供給されました」と安保陽一副社長は話します。

都市の礎石となった札幌硬石。硬石山はその身を削り、今も現役でマチの発展を支えています。

※❶～❽の写真はハラダ産業・札幌硬石株式会社提供

7

1948年、最初の石山大橋が完成した際の「わたり初め」。翌年8月の大水で上流から流れてきた建物がぶつかり流失した。現在の石山大橋は1977年に完成

採石場の奥にあった選別所。採り出した石を場内トロッコでここへ運び、大きさごとに分別した。1950年ごろの撮影

8

現在の石山大橋付近にあった鉄線つり橋。1924年（大正13年）に造られ、11年後に住民たちが資金を出し合って架け替えた。1949年ごろの撮影

定山渓温泉

湯治場 観光地へ飛躍

「札幌の奥座敷」として親しまれている定山渓温泉は幕末の1866年（慶応2年）、修験僧の美《み》泉《いずみ》定山《じょうざん》がアイヌ民族の案内で泉源に出合ったと伝えられています。明治に入ると定山が湯守を務めた元湯（定山渓ホテル）をはじめ、高山温泉（現在は閉鎖）、鹿の湯（現・ホテル鹿の湯）と三つの湯治場が誕生し、温泉の名は少しずつ知られていきます。

ひなびた湯治場が、温泉街へ発展したのは大正に入ってから。1916年（大正5年）、豊羽鉱山が本格的に採鉱を始め、近くに鉱山町が出現します。鉱山関係者の利用が増えるなか、1918年（大正7

1

「定山渓温泉御案内」に収められた鳥瞰図の温泉街部分。原寸は縦17センチ、横65センチ。1929年（昭和4年）発行（札幌市中央図書館所蔵）

1871年（明治4年）に架けられた、定山渓温泉中心部にある月見橋。1952年には当時の豊平町が鉄筋コンクリートのアーチ橋に架け替えた（北海道新聞社所蔵）

年）には定山渓鉄道（白石駅〜定山渓駅、29・9キロ）が開通します。鉱石や木材搬出が目的でしたが、客車も走りました。

さらに、1923年（大正12年）、小樽新聞社（北海道新聞社の前身）が募集した「北海道三景」の一つに定山渓が選ばれ、全道にその名が広まります。これらをきっかけに宿泊者も急増、本格的な温泉街の形成が始まったのです。

写真❶は1929年（昭和4年）に発行された定山渓鳥瞰《ちょうかん》図の温泉街部分です。この年、定山渓鉄道は電化工事が終わり、輸送力はさらに増強されました。地図からは旅館、料理店、土産物店、公共施設など、現在とほぼ変わらない町並みが形成されつつあったことが分かります。

俯瞰図の豊平川に架かる月見橋を渡った先に元湯ホテル（定山渓ホテル）、鹿の湯クラブの名が記されています。写

❷

1940年（昭和15年）頃の温泉街。月見橋を渡った左側に定山渓ホテル（旧元湯ホテル）。その向かい、サッポロビール、北の誉の看板を掲げた建物が常盤料理店で、現在は定山渓物産館（定山渓観光協会提供）

真❷は、１９４０年（昭和15年）ごろの温泉街の風景。写真❸は鹿の湯クラブです。月見橋付近は源泉が近く、現在もホテルの立ち並ぶ地域です。定山渓駅は橋の手前から坂を登ったところにありました。近くには１９１６年（大正５年）、四つ目の旅館として写真❹の豊流館（資料によっては豊隆館と表記）が開業しています。同じ場所に現在は定山渓万世閣ホテルミリオーネが立っています。

鳥瞰図のほぼ中央、豊平川の右岸に「翠明館」の名があります。後に章月旅館と改称します。現在の章月グランドホテルの前身に当たります。その右手には鉄道温泉という施設が描かれています。これは、定山渓鉄道が１９２２年（大正11年）に開業した鉄道ホテル（写真❺）と思われます。

さらに右手には定山園（写真❻）があります。大正末期

3

鹿の湯は定山渓で3軒目の湯宿。「鹿の湯寒翠閣」「鹿の湯倶楽部」を経て、1927年（昭和2年）、鹿の湯クラブに。写真は自慢の千人風呂（定山渓観光協会提供）

4

1916年（大正5年）に開業した豊流館。撮影時期は不明。左側に定山渓鉄道の線路が写っている。「定山渓温泉名勝絵葉書」より（札幌市中央図書館所蔵）

頃に開業、貸別荘なども併設した高級旅館だったといいます。後に旧国鉄が買収、保養施設となりました。現在は同じ場所に定山渓ビューホテルが立っています。

昭和初期に今はない名所も誕生しています。1926年（大正15年）、温泉街の豊平川下流に発電所とダムが建設され、水をせき止めたため人造湖が生まれました。人々は「舞鶴の瀞《とろ》」と呼び、舟遊びが人気を集めます（写真❼）。玉川聚楽園《じゅらくえん》という遊園地が開業し、貸しボートや屋形船の遊覧を始めたのです。

1933年（昭和8年）、定山渓鉄道は定山渓駅の一つ手前に白糸ノ滝駅を開設します。舟遊びなど日帰り行楽客の増加に対応したものだったと伝えられています。こうして温泉街発展の基礎は築かれていったのです。

5 定山渓鉄道が1922年（大正11年）に開業した鉄道ホテルの大浴場。撮影時期は不明。絵はがき「定山渓名勝　第二集」より（札幌市中央図書館所蔵）

6 大正末期頃に開業したという定山園。撮影時期は不明。1926年（大正15年）8月の北海タイムスに貸別荘の広告が出ている。絵はがき「定山渓名勝」より（札幌市中央図書館所蔵）

7 昭和初期、穏やかな水面が広がる人造湖、通称「舞鶴の瀞（とろ）」では、舟遊びが人気を集めた。絵はがき「定山渓温泉風景」より（札幌市中央図書館所蔵）

南沢のラベンダー

活気生んだ香りの里

最近では札幌市内にもラベンダーの見られる公園が増え、毎年7月の花の時期には美しい畑と清涼な香りを堪能する人々の姿が見られます。かつて、それらのどこよりも大きなラベンダー畑が、南区南沢に面する硬石山の北斜面にありました。

写真❶、❷は、1960年代のラベンダー畑。❶は刈り取り風景、❷はラベンダーのキャンペーンガールが畑を訪れたときの様子です。

このラベンダー畑は、正式名称を「曽田香料南沢農場」といいました。曽田香料は、現在も東京に本社を構える香料会社です。せっけんや化粧品の香料となるラベンダーオ

1

「曽田香料南沢農場」のラベンダー刈り取り作業。近隣の人が大勢働きに来た。写真は、農場向かいにあった道立向陽学院（当時は女子教護院）の院生たち。1964年撮影（故・麻田美枝子氏提供）

3

刈り取ったラベンダーを、馬車の荷台に載せて農場内の蒸留場へ運ぶ麻田小吉氏。1947年7月撮影（故・麻田キミ子氏蔵）

イルを国内で生産するため、1937年（昭和12年）にフランスから種子を入手。同社札幌工場の付属農園（西区二十四軒）で栽培を始め、1940年（昭和15年）に硬石山北斜面に南沢農場を開設しました。

曽田香料は南沢農場の用地（16・4ヘクタール）を、得意先であったライオン（当時、小林商店）創業家一族の小林卯三郎氏から購入しています。卯三郎氏はイギリスからペパーミントを移入して、1930年代から本道で香料用のペパーミントオイルを生産していました。ラベンダー畑ができる以前、この土地では西洋ハッカが試作されていたのです。

南沢農場には、ラベンダーオイルを抽出する蒸留場も設置されました。写真❸は刈り取ったラベンダーを蒸留場に運ぶところで、写真❹は刈り取り直後のラベンダー畑で

2

香料会社の公募で選ばれたキャンペーンガール「ラベンダー娘」が畑に入ってテレビ局の取材に対応。1965年撮影（塩崎亨氏提供）

す。

❸の馬車の男性は、麻田小吉氏。大正時代に石川県から入植し、南沢農場のすぐ隣に居を構えていました。この辺りの開拓農家は、冬には地方へ出て山仕事などで生計を立てました。小吉氏は出稼ぎをせず農業だけで生活できる道をと考え、香料作物に取り組んだといいます。

戦後、小吉氏の息子さん二人が曽田香料に入社し、麻田家は一族を挙げてラベンダー栽培に尽力したことが知られています（写真❺）。

1948年以降、富良野地方を中心に農家への委託栽培が普及し、増産体制が築かれます。南沢農場は農家に提供する苗づくりや栽培・蒸留の試験研究の場として機能しながら、大規模生産農場としても稼働し続けました。

畑仕事は雪解けを待ち、5月から始まりました。毎年、苗圃《びょうほ》で新しい苗を育て、畑

4

ラベンダーの刈り取り直後の畑。1947年撮影（故・麻田美枝子氏提供）

5

1957年ごろ、運搬手段はオート三輪車に。男性は麻田志信氏。小吉氏の息子で、兄・正吉氏とともに南沢農場の運営管理に当たった（故・麻田美枝子氏提供）

のラベンダーに肥料をまき草取りを繰り返し、花が付く7月上旬から収穫。花穂を刈り取っては蒸留場へ運び込み、釜に詰め蒸してラベンダーオイルを抽出しました（写真❻）。

1960年ごろからは、日本の香料バラと呼ばれるハマナスも栽培されました（写真❼）。しかし、ラベンダーもハマナスも合成香料や輸入香料との厳しい価格競争にさらされ、1970年すぎに曽田香料はラベンダー香料事業からの撤退を決定。以後、委託農家が次々と栽培をやめ、南沢農場も1974年に閉鎖されました。

西洋ハッカ、ラベンダー、ハマナスと、香りの里としての歴史を刻んだ南沢。農場閉鎖から40年以上を経て、かつてのラベンダー畑は今はすっかり山林と化しています。

6

写真は蒸留作業の様子。蒸留釜は、和ハッカ用の設備を転用した初期のもの。石炭を燃料に、沢水を加熱して蒸気を起こした。1940年代初頭の撮影（故・麻田キミ子氏蔵）

7

香料の原料となるハマナスの花びらは道内各地の自生地で採取されていたが、道路開発などにより群生地が減り確保が難しくなってきたためハマナスも栽培された。写真はハマナスの花摘み。生産効率を高めるため、花びらの多い八重咲きを導入して栽培した。1967年6月22日の北海道新聞に掲載

旧札幌村

タマネギ畑　軍が飛行場に

現在の東区全域にほぼ相当する旧札幌村は、全国有数のタマネギ産地として発展しました。栽培が本格化した大正期の記録によれば、札幌村を中心とする地域の作付面積は全道の約5割を占めていたといいます。

タマネギ栽培は1871年（明治4年）、開拓使が米国から種子を輸入し、札幌官園（開拓使が設置した農業試験場）で試作したのが始まり。札幌農学校で教えたブルックス博士が札幌村の開拓民に栽培法を指導し、農民たちは品種改良を重ねて「札幌黄《き》」を生みだします。この優良品種は全道に広まり、札幌村はタマネギ発祥の地として名声を高め

1

タマネギの一大産地だった旧札幌村での収穫風景。明治、大正と進むにつれ品質の良さが評判を呼び全国的に知られるように。ウラジオストクやフィリピンなどにも輸出された。1950年11月28日の北海道新聞に掲載

ました（写真❶）。
　札幌村（元村）の歴史は1866年（慶応2年）、二宮尊徳門下の大友亀太郎が、幕命を受け現在の北13東16付近に十数人の農民と、御手作《おてさく》場《ば》（幕府経営の開墾地）開設のため入植したことに始まります。亀太郎は田畑の開墾に先立って、約4キロの用水路「大友堀」を開削（写真❷）。創成川の基になりました。大友堀は、開拓使による札幌本府建設の際に、運河として建設資材などの搬送に大きな役割を果たしました。

　札幌本府建設と並行して1870年（明治3年）以降、周辺地域には元村以外にも農民の入植が始まり、いくつもの村が誕生します。東区関係でいうと庚午一ノ村（苗穂村）、庚午二ノ村（丘珠村）、庚午四ノ村（札幌新村）、雁来村など。これに元村を加えた地域が1902年（明治35年）、2級町村制の札幌村と

2

1871年（明治4年）ころの大友堀。大友堀は現在の南3条から真北に下り北6条から北東に折れ、北13東16の大友公園で伏古川に合流した。後に直線的に北へ延びる寺尾堀が開削され、創成川とほぼ同じ流れとなった（北大付属図書館所蔵）

3

旧札幌村役場。撮影時期は不明。大友亀太郎の役宅跡に建っていたといわれる。「東区今昔3　東区拓殖史」（1983年）より転載

なります。写真❸は村役場。村の公会堂として建設され、後に役場庁舎となりました。

純農村として発展した札幌村に戦時中、大きな出来事が持ち上がります。1942年（昭和17年）、陸軍が飛行場建設のため、現在の栄町から丘珠、一部は隣の篠路村を含むタマネギ畑約260ヘクタールを強制買収したのです。農家を立ち退かせ、突貫工事で翌年7月に飛行場開きを行いました（写真❹）。これが現在の丘珠空港です。当時は「札幌新飛行場」と名付けられ、北24条に古くからあった方を「札幌旧飛行場」と呼ぶようになりました。新飛行場の建設には市民、学生のほか、たこ部屋労働者や強制連行の朝鮮人も使われました。

戦後は連合国軍総司令部（GHQ）が接収した後、1954年に自衛隊の航空隊が移駐。1956年、北日本航空（当時）の就航を皮切り

4

現在の丘珠空港は軍の飛行場として建設され、1943年（昭和18年）7月18日、使用開始を祝う「少年航空兵郷土訪問飛行大会」が開かれた。北海道新聞は翌19日朝刊の1面トップに「あれよ北の若鷲　眼前仰ぐ決戦の翼」の見出しで報じた。「東区今昔3　東区拓殖史」（1983年）より転載

5

畑の中に分譲住宅が整然と並ぶ元町団地。道住宅公社（現道住宅供給公社）が造成した。1964年5月28日の北海道新聞に掲載

に民間機が乗り入れ、官民共用空港として現在に至っています。

　1955年、札幌村は札幌市と合併。札幌の人口急増に対応するため、農地転用や区画整理事業が旧村内各所で行われ、宅地化が急激に進みます。北栄団地、元町団地（写真❺）などが造成されました。交通網も整備され、1988年、地下鉄東豊線（栄町～豊水すすきの）が開業します（写真❻）。

　地下鉄といえば、交通局が札幌の高速軌道（地下鉄）建設に際し、旧村内の東苗穂地区に実験場を設け、1964年から走行試験などを行っていたことは意外に知られていません（写真❼）。ゴムタイヤの導入や架線のない第3軌条の採用など、札幌方式と呼ばれる現在の地下鉄は、この実験場から誕生したともいえるのです。

1988年に開業した地下鉄東豊線（栄町～豊水すすきの）の始発・栄町駅で行われた1番電車の発車式。1988年12月2日の北海道新聞に掲載

交通局が高速軌道（地下鉄）開業に先立ち、東苗穂の実験場で行っていたテスト風景。全長600メートルを超える試験線も敷設された。写っている車両は第4次試験車「すずかけ号」。1967年12月6日の北海道新聞に掲載

第2章
まちの変遷

札幌の屯田兵

開墾と訓練…三度戦地へ

北海道の開墾と警備を目的に1874年（明治7年）、屯田兵制度が設けられました。翌1875年、当時は札幌近郊だった琴似に最初の兵村を設置。以降、制度が廃止される1904年（明治37年）まで札幌市内に山鼻、新琴似、篠路の3兵村、札幌を含めた全道では計37兵村が置かれ、延べ約4万人の屯田兵、家族が入植し、北海道開拓に大きな役割を果たしました。

写真❶は1875年（明治8年）7月に琴似兵村の開墾着手を記念して撮影されたものです。兵村では前年の11月に、屯田兵の住居である208戸分の兵屋が完成。1875年の5月に宮城県な

道内で最初の屯田兵村である琴似兵村での開墾着手記念写真（3枚組）。撮影は1875年（明治8年）7月。屯田兵たちは軍事訓練と開墾作業に明け暮れた。4～9月は午前4時に起床し1日の就業時間は11時間。冬期も9時間の就業だった。月に3、4回は射撃訓練を行った（北大付属図書館所蔵）

琴似兵村の兵屋。撮影は屯田兵が入居する前年の1874年（明治7年）11月。兵屋をまとめた密居制がとられたが、開墾地が遠く不便ということで、その後は兵屋と開墾地をセットにした方式の採用が進んだ（北大付属図書館所蔵）

どから志願した198戸が到着しました。

琴似兵村の位置は現在の西区琴似の中心部に当たります。西区役所、地下鉄東西線琴似駅などが連なる一帯です。当時、既に開通していた札樽街道（現在の北5条手稲通）と直角に中央道路（現在の琴似本通）が設けられ、兵屋が道の両側に現在のJR琴似駅付近まで並んでいたといいます（写真❷）。その後、人員の補充や、発寒川を挟んで隣接する発寒にも兵屋を建設し、総戸数は240戸になりました。

琴似兵村に次いで、1876年（明治9年）に開村したのが山鼻兵村です。場所は現在の国道230号（石山通）を挟んで東西が西7丁目から西14丁目、南北が南6条から南23条一帯で、東北地方から240戸が一度に入りました。

兵村ではすべての屯田兵が

3

山鼻兵村の週番所（後の中隊本部）。琴似・山鼻兵村は多くの人材を育て道内各地の兵村に送り出す指導的な役割を担った。屯田兵村では全体の中心部に中隊本部、学校、練兵場などをまとめて設置する例が多かった。北海道屯田倶楽部「歴史写真集　屯田兵」より転載

早朝の決められた時間に起床。就業時間が始まると上官の指揮で軍事訓練、そのあとは未開地の開墾や耕作という、厳しい日課を続けました。

屯田兵村が一般的な開拓団体と異なるのは、それ自体が軍事組織だったことです。兵村内には分隊が組織され、4分隊で小隊、2小隊で中隊を編成していました。山鼻開村後は、琴似が第1大隊第1中隊、山鼻が第2中隊となり、各村の週番所(後の中隊本部)が、指揮管理を行っていました(写真❸)。

1877年(明治10年)、九州で西南戦争が勃発。琴似、山鼻の屯田兵に出征命令が下り、4月に小樽港から熊本に向かい参戦し、札幌に9月凱《がい》旋《せん》しました。「屯田兵の研究」(伊藤廣著)によると琴似、山鼻屯田兵の戦死者8人、病没者28人を招魂碑にまつったとあります。

新琴似兵村は1887年

❹

屯田兵は日々厳しい軍事訓練に励んでいた。当初の屯田兵は兵役義務が終身で、子孫が屯田兵を受け継ぐ世襲制。きわめて重い負担だった。1890年(明治23年)の屯田兵条例の改正で、服役は現役3年、予備役4年、後備役13年の計20年に変更された。写真は、1891年(明治24年)3月、現在の手稲付近で行われた雪中訓練。各兵村の屯田兵が東軍と西軍に分かれ戦闘する演習だったという(北大付属図書館所蔵)

（明治20年）と、1888年の2回に分けて220戸が到着し開村しました。場所は現在の北区新琴似のほぼ全域に相当します。新琴似兵村の北側には1889年（明治22年）、220戸が入り篠路兵村ができました。現在の北区屯田がすっぽり含まれます。

写真❹は1891年（明治24年）に現在の手稲付近で行われた雪中訓練の一コマ。

1894年（明治27年）、日清戦争が始まり、屯田兵も動員されました（写真❺、❻）。戦地に赴く前に講和条約が成立し、戦火をくぐることなく帰村しました。

1904年（明治37年）、1905年の日露戦争では、後備役の満期となった琴似、山鼻両兵村を除いて召集されました。新琴似兵村からは八十数人が動員され、軍事訓練を受けた屯田兵2世と屯田兵の子弟も含まれていました。

5

篠路兵村の将校と下士官の記念写真。前列左から4人目が渥美中隊長。日清戦争が始まった1894年（明治27年）撮影。出征前に撮ったものと思われる。屯田開基九十周年協賛会「屯田九十年史」より転載

日清戦争に出征するため、札幌駅構内で整列する屯田兵。西南戦争、日清戦争、日露戦争。戦乱のたびに、農作業の大黒柱を戦場に送り出さなければならなかった家族の苦しみは、並大抵ではなかったはずだ。中井喜代之編「目で見る北海道史」より転載

6

1958 年、花見客でにぎわう円山公園の電停（北海道新聞社所蔵）

第３章
市民の暮らし

第3章
市民の暮らし

狸小路と映画館

娯楽と商いの中心地

札幌を代表する商店街「狸小路」。あふれんばかりの人波の写真❶は、1955年1月2日の狸小路3丁目の初売りをとらえたものです。アーケードの完成は1960年ですから、その5年ほど前ということになります。戦中戦後の狸小路は統制経済などもあって苦しい時代が続きました。そこから立ち直り、札幌有数の盛り場としてにぎわいを取り戻した当時の様子がよく分かります。

狸小路の始まりには諸説ありますが、盛り場として定着したのは明治の中ごろといわれています。きっかけのひとつに勧工場《かんこうば》の開業があります。これは現在のショッピン

❶

1955年、狸小路3丁目の初売り風景。4丁目側から撮影したもので、写真左側の商店が立ち並ぶところには、1962年にサンデパート（ドン・キホーテ札幌店などを経て2019年から再開発ビルに建て替え中）が建設された。写真からは判別しにくいが、その東側に遊楽館があった（1955年1月2日、北海道新聞社所蔵）

グセンターにも似た商業施設で、1885年（明治18年）、3丁目に開業した第一勧工場に続き、同じ3丁目に札幌商館、2丁目に北海商館、1丁目に共益商館などが開店して人気を集めました。

もうひとつ、狸小路が盛り場として発展した理由に、娯楽施設の存在を挙げることができます。かつて庶民の楽しみといえば講談や浪曲、落語などの演芸でした。その庶民にとって最高の娯楽施設である寄席や演芸場が、明治の中ごろから狸小路に相次いで進出しているのです。記録には1丁目の札幌亭、2丁目の南亭、3丁目の金沢亭、4丁目の市川亭などの名が残っていますが、やがて娯楽の主役が演芸から活動写真に移ると、演芸場を模様替えするところや新しい映画館が続々と誕生。狸小路へさらに人々を呼び寄せました。

写真❷は1910年（明治

❷

1910年（明治43年）、狸小路3丁目に演芸場としてオープンした当時の遊楽館（谷井敬四郎氏提供）

❸

昭和初期の狸小路3丁目、映画館となった遊楽館（後の松竹遊楽館）前のにぎわい。1940年（昭和15年）に改築された記録があり、そのころの撮影と思われる（谷井敬四郎氏提供）

❹

アーケードができる以前の松竹遊楽館。1958年11月の北海道新聞に掲載

43年）、3丁目に演芸場として開業した遊楽館のオープン当時の写真です。1915年（大正4年）に映画常設館になりました。その後、1940年（昭和15年）、1956年、1991年と4回の改築が行われ（写真❸、❹、❺）、2003年に松竹遊楽館として閉館するまで、90年以上も映画ファンに親しまれてきました。

　写真❻は、1925年（大正14年）に狸小路5丁目に洋画専門館としてオープンした三友館（後の日活館、東宝プラザ）です。1916年（大正5年）オープンという記録もありますが、詳細は分かっていません。

　三友館は館内の写真も残っています（写真❼）。当時の映画館は演芸場などと同様、下足番がいて客席は桟敷というのが普通でしたが、この館にはベンチ席が設けられています。3代目館主にあたる

5

この窓口と看板を覚えている映画ファンも多いのでは。松竹遊楽館。1981年11月の北海道新聞に掲載

人波で埋まる狸小路3丁目。それぞれの売り場では熱い歳末商戦が繰り広げられた（1956年、北海道新聞社所蔵）

6

狸小路5丁目の三友館（後の日活館、東宝プラザ）。1928年（昭和3年）ごろの撮影。写真の右側に写るスズラン灯は、アーケードが架設される前まで、狸小路の象徴だった（札幌市文書館所蔵）

株式会社谷井の谷井敬四郎会長によると、下足番を廃止したのは三友館が札幌で初めてだったといいます。谷井会長が館主だった東宝プラザも2011年に閉館し、現在は貸しビルの「札幌プラザ2・5」となり、映画館の「サツゲキ」などが入居しています。

※ちなみに、住所表記では狸小路という住所はなく、狸小路3丁目は南2条と南3条の西3。でも、狸小路○丁目のほうが分かりやすいですね。

歳末商戦ににぎわう狸小路2丁目。1960年に完成したアーケードも写る（1961年、北海道新聞社所蔵）

7

オープン後間もない三友館の館内。映画館にベンチ席を設けたのは札幌で三友館が初めてだったという（谷井敬四郎氏提供）

最初のアーケード建設が始まったころの狸小路3丁目（1958年、北海道新聞社所蔵）

現在の狸小路3丁目（2017年5月12日撮影）

円山動物園

子どもの夢乗せ進化中

2018年に新しいゾウ舎が完成した札幌市円山動物園（宮ケ丘3）。広さ約2200平方メートルの屋内施設には、最深部が3メートルのプールも設けられ、ゾウが泳ぐ姿をガラス越しに観察できるようになりました。人気者だったアジアゾウの花子（写真❶）が、推定年齢60歳で亡くなったのは2007年1月。その後12年ぶりに円山動物園へゾウがやって来ました。

同園がヒグマのつがい、エゾシカ、オオワシの3種4点のみでオープンしたのは1951年5月。2020年3月末時点の飼育頭数は161種1005点。格段に

❶

開園2年後の1953年に来園したアジアゾウの花子。写真は翌1954年の撮影。円山動物園で半世紀以上過ごした人気者は、2007年に死んだ。人間でいえば百歳を超える大往生だった（札幌市公文書館所蔵）

増えました。開園当初の名称は円山児童遊園で、同年9月に動物園に改称しました。

花子の来園はオープン2年後の1953年7月です。当時、ゾウを間近に見る機会も限られていましたから一躍、人気者に。また、1956年からチンパンジー、アシカ(写真❷)、アカカンガルーなどの動物の芸を披露、1967年まで続きました。

珍しいイベントとしてはほかに、毎年春になると行われていた開園パレードがあります(写真❸)。札幌の冬は温暖な気候で育った動物たちの大敵。当時、冬場は休園していたのです。そこで春の開園日時が決まると、それを知らせるため、動物たちをトラックなどに乗せ市内を練り歩きました。

記録がなくパレードがいつまで行われていたのか分かりませんが、冬季の開園が実現したのは、1966年11月に

2

かつてはアトラクションの定番だったアシカのショー(昭和30年代の撮影)。アカカンガルーのボクシングやチンパンジー、ゾウの芸も人気を集めた。飼育係の負担が大きいことや、動物がかわいそうという意見が動物園に寄せられたことを機に、1967年に廃止した(円山動物園所蔵)

3

大通公園近くを練り歩く円山動物園開園パレード。撮影は1954年4月。以前は冬場休園していたため、春に開園日時が決まると告知イベントとして行われていた(札幌市公文書館所蔵)

熱帯動物館が完成してからです。延べ面積は約5700平方メートル。屋外展示場と屋内展示場（兼寝室）を併せ持ち、厳寒期にも室温15度を維持できる総合動物舎でした。カバやキリン、ライオン（写真❹）など熱帯系の動物たちを冬でも見ることができるようになったのです。

写真❺は花子に大好物のリンゴを贈る、同館で行われたクリスマスイベントの一コマです。同館ならではの冬の行事といえます。

また、円山動物園は絶滅危惧種をはじめ動物たちの繁殖にも力を入れています。適度な室温を維持できる同館は繁殖基地としても利用されてきました。1987年には国内で初めてユキヒョウの赤ちゃんの繁殖に成功しました。ほかにも多くの赤ちゃんが誕生し人気を集めました。

同園では熱帯動物館に続き1974年のは虫類館、1977

「ゾウさんこっち向いて」――。遠い国からやってきた動物たちに、大人も子供も見とれ、周りには人垣が絶えない（1962年、北海道新聞社所蔵）

1964年に撮影された円山動物園。身近な行楽地として大勢の市民に親しまれる。手前は旧カバ舎、右手はインドニシキヘビ、遠くがホッキョクグマ舎（北海道新聞社所蔵）

年の類人猿館、1980年の世界の熊館などが建設されました。しかし近年、施設の老朽化や展示の見直しなどが行われる中で、リニューアルが進みました。熱帯動物館で飼育していたカバ、ライオン、ダチョウなどは2015、2016年にアフリカゾーンに移動し、熱帯動物館は2016年8月に閉館、跡地にゾウ舎が建設されました。

　また、世界の熊館は、2018年3月にオープンし人気を集めているホッキョクグマ館（写真❻）にリニューアルされました。進化を続ける円山動物園は2021年に開園70年を迎え、多くの人が訪れています。

4

熱帯動物館でのライオンのジェスパ。撮影は2002年11月。1985年11月に来園、人気は花子と一、二を争った。2007年3月、老衰のため23歳で死んだ。人間でいえば百歳に近く、当時の国内のライオンでは最高齢だった（円山動物園所蔵）

6

2018年3月13日にオープンした「ホッキョクグマ館」。18メートルの水中トンネルを元気に泳ぐ姿が、来園者をくぎ付けにしている。3月14日の北海道新聞に掲載

5

熱帯動物館で行われたゾウの花子のためのクリスマスイベント。撮影は2005年12月。1966年11月の熱帯動物館完成によって通年での開園が可能となり、熱帯系の動物を冬でも見られるようになった（円山動物園所蔵）

野球場

あこがれの中島、円山

日本の野球の歴史と北海道は、意外に深い関係があります。北大の前身である「開拓使仮学校」が1872年（明治5年）、東京に設置されます。このとき米国人教師ベーツが故国から持参したバットとボールで生徒たちに野球を教えたという記録が残っています。「日本の野球の始まり」の有力な説の一つです。

この仮学校が札幌に移転して1876年（明治9年）、札幌農学校が開校。クラークとともに着任した教師ペンハローが熱心に野球を指導し、1878年（明治11年）に始まった、現在の運動会に当たる「遊戯会」（写真❶）でも野球が行われました。

❶

運動会の先駆けとされる、札幌農学校の「遊戯会」。1901年（明治34年）撮影。中央の建物は演武場（現・札幌市時計台）で、当時は、現在の時計台より100メートルほど北側にあった（北大付属図書館所蔵）

1924年（大正13年）、中島球場で開催された第1回全道少年野球大会の応援風景。北海タイムス社（現・北海道新聞社）の主催で地区予選を勝ち抜いた14チームが出場した（北海道新聞社所蔵）

❷

札幌農学校から始まった北海道の野球は、次第に人気が高まります。ただ、校庭や広場があればできるからか、専用の野球場が札幌にできたのは大正期。1918年（大正7年）の中島球場が最初です。写真❷は1924年（大正13年）に行われた第1回全道少年野球大会の応援風景。熱気が伝わってきます。

次に誕生したのが円山球場（写真❸）。円山公園に整備された総合運動場（当時は札幌神社外苑総合グラウンドが通称）内に、陸上競技場、庭球場とともに1935年（昭和10年）開場しました。両翼99・63メートルの本格的な球場で、盛り土に芝を張った観客席も設けられました。開場翌年には早速、東京巨人軍が来道。地元チームと熱戦を繰り広げました。しかし戦時中は金網などが回収され、一時、使用不能になりました。

戦後、札幌に進駐した連合

3

1935年（昭和10年）総合運動場の施設として陸上競技場、庭球場とともに開場した円山球場。撮影時期は不明。観客席は盛り土の上に芝生を張り、必要に応じ仮設スタンドが設けられた（札幌市中央図書館所蔵）

4

大通球場で開催された「たそがれ野球大会」の開会式。大会は北海道新聞社、札幌軟式野球連盟などが主催した。1955年5月22日の北海道新聞に掲載

国軍総司令部（GHQ）が1946年に円山球場を接収。さらに大通西4に駐留軍用の野球場（後に市民に開放）を造成しました。

そこで札幌市は、大通西7に市民用の野球場を造成すると同時に、中島球場の改修に着手します。写真❹は1955年、大通球場で開催された第2回たそがれ野球大会の開会式。当時、職場仲間と野球を楽しむ「あさ野球」「たそがれ野球」が人気でした。中心部にある大通球場は最高の立地だったのです。しかし、公園整備が進む中、4丁目球場は1960年ごろ、7丁目球場は1970年ごろに姿を消しています。

中島球場の改修が終わったのが1949年です。両翼94メートル、スタンドや外野芝生席など計2万1千人収容の観客席が設けられ、近代的な球場に生まれ変わりました（写真❺）。一方、円

❺

上空から見た中島球場。野球を志す道産子にとってあこがれの球場だった。中島公園で開催された開道50年記念北海道博覧会の跡地に整備されたのが始まりで、戦後に大改修が行われ、次々と大きな大会が開催される。ノンプロ社会人からは「北の後楽園」とも称された。1980年4月5日の北海道新聞に掲載

山球場（50年に接収解除）は、1972年から総工費4億5千万円をかけて大改修を行い、1974年に完成しています。この札幌を代表する二つの球場には一つだけ大きな違いがあります。プロ野球の試合のほとんどが円山開催（写真❻）だったことです。中島球場が狭く敬遠されたためだといわれています。

1980年、老朽化した中島球場の役割を引き継ぐために市営麻生球場（写真❼）がオープン。中島球場は解体されました。2001年に札幌ドームが開業し、プロ野球の試合はほとんどがドーム開催になりました。北海道日本ハムファイターズは2004年、ドームに本拠地を移しました。2023年には北広島市に誕生するボールパークへ本拠地を移転する予定です。札幌の野球場はまだまだ新しい歴史を歩み続けていくでしょう。

6

1974年に大改修を終え、再オープンした円山球場。高校野球やプロ野球の舞台として熱戦を繰り広げてきた（撮影日不明　北海道新聞社所蔵）

7

北区麻生7にオープンした市営麻生球場。旧「拓銀球場」を札幌市が買い取って改修した。オープンした1980年8月2日の北海道新聞に掲載

旧篠路村

今に伝える農村の心意気

篠路地区は、市内でも歴史ある地域の一つです。幕末の安政年間、幕吏の荒井金助が農家を入植させたのが和人による開拓の始まりで、当時「荒井村」と称しました。この時、荒井の命を受け篠路の地を選定したのが早山清太郎《そうやませいたろう》。開墾や道路開削にも尽くしました。地域は、札幌本府の建設が進んだ後の1906年（明治39年）、二級町村制の篠路村となりました。

しかし、たび重なる石狩川の洪水や冷害に、開拓民は苦しみ続けました。そうした中、生み出されたのが篠路獅子舞（写真❶）、篠路歌舞伎（写真❷、❸）です。篠路烈々布《れつれっぷ》、（現在の太平・百合が原地区）

❶

烈々布天満宮に奉納されていた当時の篠路獅子舞。撮影は1954年ころ。1966年に天満宮は篠路神社に合祀となり、現在は同神社の祭りで奉納されている（中西俊一氏提供）

1934年（昭和9年）に撮影された篠路歌舞伎の女形、中西正次郎さん（中西俊一氏提供）

❷

1934年（昭和9年）11月、村の集会所「篠路共楽館」のこけら落としで行われた「花岡義信引退興行」。このとき篠路歌舞伎は一度途絶えるが、半世紀後の1986年に保存会が設立された。現在は「篠路子ども歌舞伎」として継承されている（中西俊一氏提供）

の青年たちが豊作や災害がなくなることを願い、1898年（明治31年）に烈々布神社（天満宮）を創建しました。1901年（明治34年）、天満宮の祭りに奉納され始まったのが篠路獅子舞（当時は烈々布獅子舞）です。

篠路歌舞伎も1902年（明治35年）、天満宮の祭りで、青年たちが素人芝居を初演したのが始まりです。仲間を指導し、熱演したのが後に篠路村長となる大沼三四郎（芸名・花岡義信）です。やがて「花岡義信一座」と呼ばれ、近隣の村から観客が足を運ぶほどの人気を集めます。回り舞台を備えた「烈々布倶楽部」を建設し、上演しました。獅子舞も歌舞伎も、地元の保存会によって継承されています。

村役場（写真❹）、小学校、神社などがある篠路本村地区には1934年（昭和9年）、札沼線が開通（全線開通は1935年）して篠路駅が誕

篠路村役場は1933年（昭和8年）、篠路神社横に新築された。現在は同じ場所に札幌市北区篠路出張所が建つ。写真右上は大沼三四郎村長。戦前は花岡義信の芸名で、篠路歌舞伎をけん引した（札幌市中央図書館所蔵の「篠路村史」より）

生しました。記録によれば駅舎は約143平方メートルと当時、隣の新琴似駅の倍の広さがあったといいます。それだけ乗客や貨物の利用に期待があったといえそうです（写真❼）。

やがて多くの農産物が貨車に積み込まれ、札幌をはじめ全道に送り出されました。特産品としてはタマネギが有名です。駅周辺には次々と倉庫が建ち、多いときで30棟以上にのぼったといいます（写真❽）。戦後、茨戸地区で油田が開発された際には、原油のパイプラインを篠路駅まで延ばし、タンク貨車で室蘭の製油所へ輸送しました（写真❻）。

1955年、篠路村は札幌市と合併します。農地が広がっていた駅かいわいで、札幌の人口急増とともに宅地化が始まったのは1960年代後半のことです。道住宅生協が札沼線の西側で駅前団地の

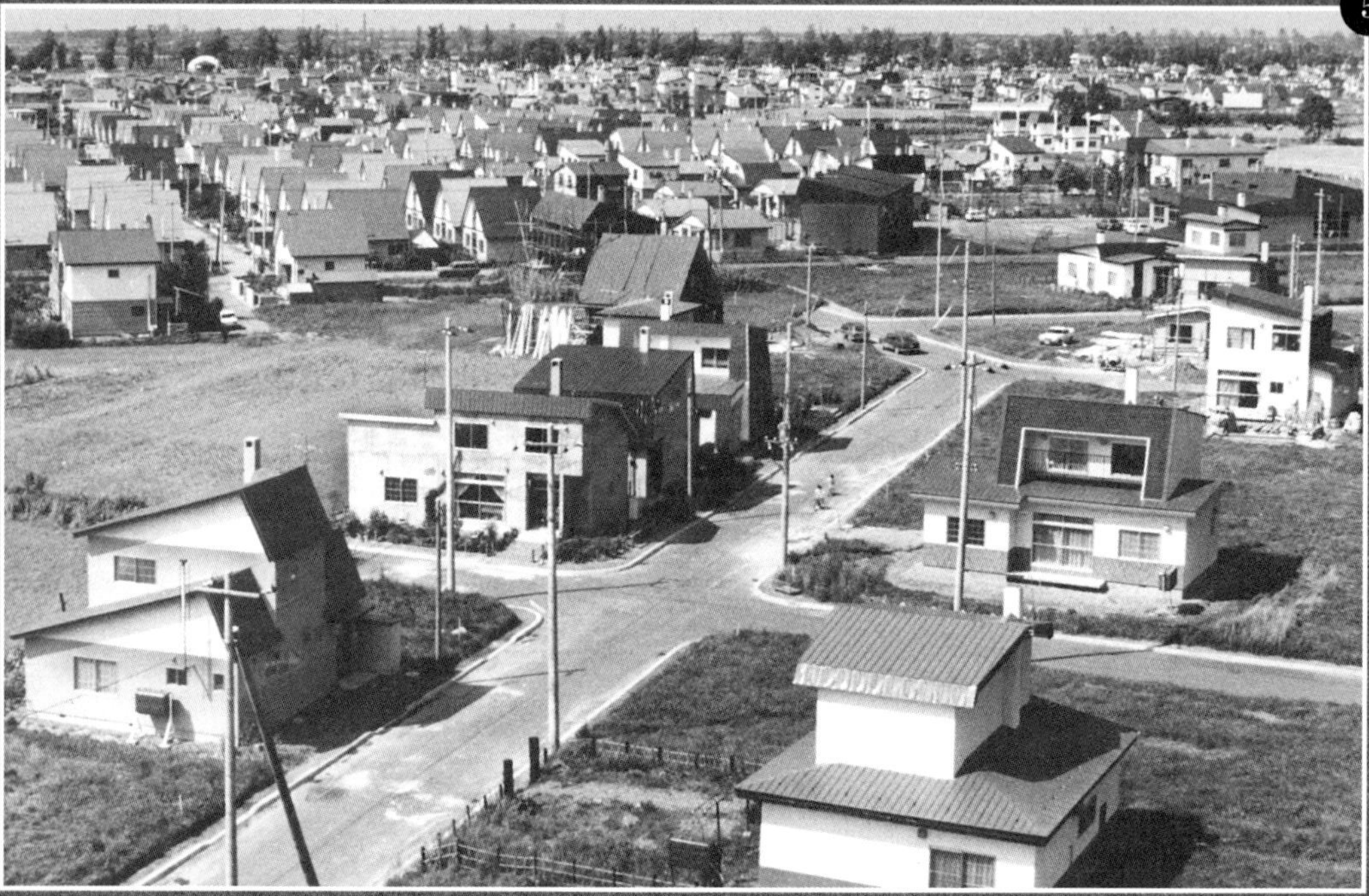

5

1975年ごろに撮影された篠路駅前団地（北海道新聞社所蔵）

6

茨戸地区の油田から4キロのパイプラインで篠路駅に送られてきた原油を、貨車のタンクに注いでいる。1960年5月11日の北海道新聞に掲載

造成に着手します（写真❺、❾）。これをきっかけに、線路西側の宅地化は一気に進みました。

当時、駅の改札口は東側のみで、西側の住民は自治会が設けた地下連絡通路を経由して駅に向かいました。待望の西口が開設されたのは1988年です。篠路駅西口側は、再開発事業（2006〜2010年）によって現在の姿になりました。

一方で、駅東口側の宅地化は一歩遅れる形で進み、市が約72ヘクタールの農地を宅地に転換する大規模団地の造成（1997年分譲開始）を行いました。さらに駅周辺では現在、土地区画整理と鉄道高架化を一体で行う再開発計画が進んでいます。工事完了予定は2030年度。駅かいわいの変化は現在進行形なのです。

8
篠路駅西側の倉庫群。駅周辺の札幌軟石や赤レンガ倉庫は1930年代後半から建ち始め、多いときは駅両側に30棟以上あった。2000年4月11日の北海道新聞に掲載

7
篠路駅舎。1979年6月1日の北海道新聞に掲載

9
駅前団地で、朝のラジオ体操を行う子どもたち。当時は定番だった三角屋根の住宅が連なる団地の様子が懐かしい。1970年7月26日の北海道新聞に掲載

札幌温泉

泡と消えたリゾート

写真❶は1931年（昭和6年）発行の「札幌市鳥瞰図《ちょうかん》」の一部です。円山の左側にある山の中腹に、モダンな建物が描かれています。一時は注目を集めながら、10年にも満たない期間で消え去った、うたかたのリゾート施設。それが今回紹介する札幌温泉（写真❷）です。

温泉開業は1926年（大正15年）5月。場所は藻岩村大字円山村で、現在の中央区界川《さかいがわ》1丁目付近です。眺望が人気の旭山記念公園のやや下手。地元の人は「温泉山」と呼んでいたそうです。

写真❷の中央が本館で、食堂やビリヤードなどが楽しめる遊技場、150畳の大広間

❶
札幌商工会議所が1931年（昭和6年）に発行した「札幌市鳥瞰図」の一部。原寸は縦18センチ、横76センチ。当時、人気のあった鳥瞰図絵師・吉田初三郎（京都出身）の作品。札幌温泉と電気軌道も描かれている（札幌市公文書館所蔵）

（写真❸）、4畳半〜18畳の貸間も設けられていました。旅館部もあり、当時のパンフレットには、料金は「御一人様一泊金三円より」（食事別）と記されています。

本館の左手に写る建物が浴場です。別棟ではなく本館と一体の建物で、40〜50人が一度に入れる大浴槽を男女別に設けていました（写真❹）。屋上の展望台から、眼下の眺望が楽しめました（写真❺）。

札幌温泉が開業した頃、円山から藻岩山に連なる山麓一帯には、いくつかの温泉が営業していました。西から円山温泉、界川温泉延命園、藻岩温泉（山鼻温泉）風詠館などです。いずれも湧出する鉱泉を沸かし利用したといわれています。

それに対し、札幌温泉はスケールが違いました。延長25キロの管を敷設し、定山渓温泉からお湯を引いたのです。途中で冷めるので、沸かし直

2

1926年（大正15年）に開業した札幌温泉の全景。右がコンクリート造り2階建ての本館。左が浴場。屋上には展望台が設けられていた。絵はがき「札幌温泉名勝」より転載（藤本和徳氏提供）

3

札幌温泉本館にあった150畳の大広間。ここで行われた開館式典には500人余の来賓が訪れ、すし詰め状態だったと、北海タイムスに書かれている（藤本和徳氏提供）

していました。

　利用客のため、札幌温泉は路面電車も走らせます（写真❻）。温泉の開業当時、札幌電気軌道（1927年に市営化）による路面電車の一条線が、円山公園まで既に延伸されていました。これと接続するかたちで約1・8キロメートルの線路を敷設したのです。

　札幌温泉電気軌道の開業は1929年（昭和4年）6月。開業日には新聞広告を出しました（写真❼）。始点は、市電一条線の「円山3丁目」停留所（現在の大通西23付近）に隣接する「南一条」、終点は温泉から約400メートル坂を下った「温泉下」。途中、停留所を5カ所設けました。

　ところが翌年の8月、変電所で火災が発生し、わずか1年余りで電車は運休に追い込まれます。変電所復旧の資金がなかったためか、電車を動かせず、運休1年後には1両

4

札幌温泉の大浴場。浴槽の中央に像が立ち、ライオンらしき動物の口からお湯が噴き出るなど、おしゃれな浴場だった（上ヶ島理氏提供）

5

浴場の建物屋上に設けられた展望台。眼下には札幌市街地や石狩平野が広がり、人気を集めた（藤本和徳氏提供）

のガソリンカーを導入して運行を再開します。しかし、乗客の減少は止まりませんでした。1933年（昭和8年）には運行を停止したといわれています。

電車運休は、温泉にとって大打撃となりました。もともと経営母体の札幌温泉土地株式会社は、温泉経営と宅地分譲を営業の柱としていました。交通の便を失った宅地が売れるはずもありません。2重の打撃となって、温泉は営業を終えたと考えられています。

「温泉山」からの眺望が復活したのは、1970年に旭山記念公園が開園してからです（写真❽）。

6 札幌温泉電気軌道の電車と乗務員。円山をバックに温泉下停留所で撮影されたものという（浜田圭子氏所蔵）

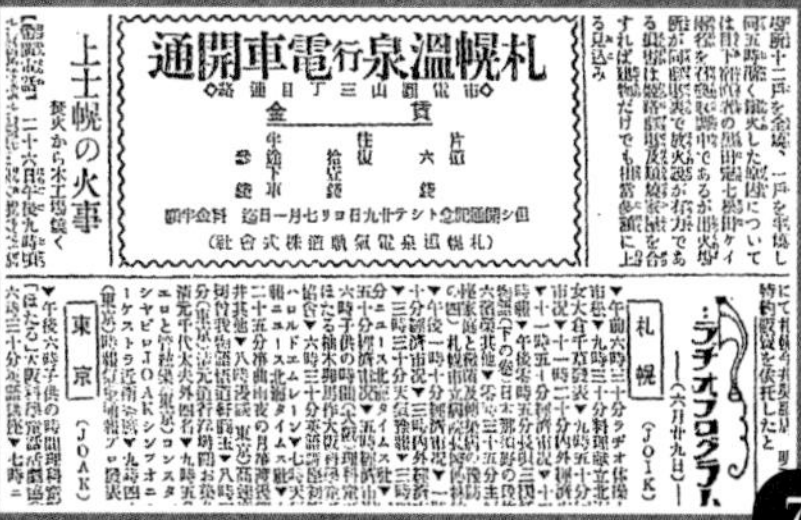

札幌温泉行電車開通
市電圓山三丁目通路
賃金
片道 六銭
往復 拾壱銭
中途下車 参銭
但シ開通記念トシテ廿九日ヨリ七月一日迄料金半額
（札幌温泉電気軌道株式会社）

ラヂオプログラム
—（六月廿九日）—
札幌 （JOIK）
東京 （JOAK）

7 札幌温泉電気軌道が開業した1929年（昭和4年）6月29日、北海タイムスに広告を掲載

8 旭山記念公園からの眺望。公園のやや下手に札幌温泉があった（2019年9月撮影）

札幌まつり

初夏告げる神輿渡御

街に初夏を告げる札幌まつりの「神輿《みこし》渡御《とぎょ》」が2022年、3年ぶりに「復活」しました。新型コロナウイルスの影響で2020、2021年は神輿渡御を中止。関係者が本殿で神事のみを行っていました。中止は、太平洋戦争で中止なって以来のことでしたので、「復活」を待ち望んでいた市民も多かったと思います。

札幌まつりの正式名は北海道神宮例祭です。1871年（明治4年）、神宮の前身で開拓三神をまつる札幌神社が当時の円山村に創建されました。当初は仮社殿（写真❶）が完成した旧暦の9月14日（現在の暦では10月中旬）を

❶

1871年（明治4年）に創建された札幌神社の仮社殿。1913年（大正2年）に本格的な社殿が完成した。現在の北海道神宮社殿は1978年の造営（北大付属図書館所蔵）

❷

1910年（明治43年）に造営された頓宮の社殿。1878年（明治11年）に遥拝所として建てられ、1901年に失火により焼失。神輿渡御の御旅所として再建された。「北海道神宮史」上巻より転載

例祭日にするよう神祇省《じんぎしょう》に指示されましたが、二代目宮司を務めた菊池重賢《しげかた》が、この時期は降雪で参拝が困難になる場合があると主張し旧暦6月15日になったとされます。太陽暦となった後も同じ例祭日で現在に至っています。

例祭では宵宮祭をはじめとして数日にわたり祭事や奉納行事が執り行われます。なかでも人々が最も楽しみにしてきたのが神輿渡御です。そのため多くの人が祭典区や敬神講社、札幌まつり振興会などを組織して費用を賄い、この祭事を支えてきました。

初めて神輿渡御が行われたのは1878年（明治11年）で、翌年から恒例行事となりました。そこで注目したいのが、現在も中央区南2東3に鎮座する頓宮（写真❷）の存在です。当時、神社は市街地から遠いこともあり1878年、中心部に遥拝《ようはい》所（後の頓《とん》宮《ぐう》）が設けられます。神輿渡

3

栗田鉄馬による石版画「官幣大社札幌神社鎮座三十年紀念祭市街御巡幸之図」（1899年）の一部。栗田はほかにも1893年（明治26年）、1895年、1897年の渡御を描いた石版画があることが知られている（個人蔵）

御の始まりには、日々参拝している遥拝所へ、人々が祭神を迎える意味もあったと伝えられています。

北海道神宮には初期の渡御の様子を伝える石版画が残されています。作者は開拓使の画工も務めた栗田鉄馬。写真❸は1899年（明治32年）の行列を描いたものの一部です。

神輿渡御が始まったとき、神輿は1基だけでした。1899年、札幌神社が「官幣大社」に昇格した際に、祭神の数と同じ3基となり（写真❹）、さらに1964年、明治天皇を増祀して北海道神宮に改称してからもう1基増え、現在は4基となっています。

神輿に花を添えるのが山車。写真❸の石版画では馬が山車を引いているのが分かります。現在、市内に31ある祭典区の中で山車を保有するのは九つの祭典区（写真❺）。

4

道庁前で行われた駐輦（ちゅうれん）祭と3基の神輿（鳳輦＝ほうれん）。撮影は1918年（大正7年）以降と思われる。駐輦祭は神輿渡御の途中に行う大切な祭事で、現在は頓宮と南1条西4丁目交差点で行われることが多い。札幌中央図書館所蔵の絵はがきより

5

第九東北祭典区が保有する山車と、祭典区の人々の出発前の記念写真。1968年6月15日撮影。上に載る人形に山車それぞれの特徴があり、東北祭典区は猿田彦命（さるたひこのみこと）。1910年（明治43年）に大改修を行って現在に至るという（道新若林販売所提供）

維持費の問題から、ピーク時より数は減りましたが、今も祭りを盛り上げています。

ほかに、女性たちが先導役を務める金棒・笛太鼓の万灯《まんど》があります。宵宮祭のちょうちん行列が起源といわれ、大正末期から行列に加わりました。また、京都・平安神宮の時代祭をモデルにした維新勤王隊も1926年（大正15年）から加わっています。

札幌まつりでは、露店やサーカスなどの見せ物が出るのも、人々の楽しみでした。歴史的には頓宮に近い創成川河畔が主会場（写真❻）でしたが、1959年に起きたサーカス小屋の火災をきっかけに、その後会場が中島公園へ移りました。写真❼は2019年の札幌まつりの様子です。

6

創成川河畔のサーカスに集まった多くの市民。1957年6月15日の北海道新聞に掲載

7

2019年の札幌まつりで、市内中心部を練り歩く神輿渡御の行列。6月17日の北海道新聞に掲載

第3章
市民の暮らし

茨戸

三日月湖　行楽客呼ぶ

札幌と石狩の中間に位置する茨戸《ばらと》には、石狩川を利用した水運の中継点として、明治中期から市街地が形成されていました。道路や鉄道の建設が進むまで、北海道開拓で重要な役割を果たしたのは水運です。特に、石狩川は内陸部の開拓に欠かせない大動脈。道庁は蒸気を動力とする最新の外輪船（写真❶）を何隻も導入、人や物資の輸送に力を入れました。

「新札幌市史」には1889年（明治22年）から茨戸と石狩、江別、空知管内の浦臼方面と連絡する汽船が運航されるようになったとあります。茨戸も外輪船の寄港地の一つだったと考えられま

1

2

札幌と茨戸を結んだ札北馬車軌道の茨戸停車場付近。右が創成川。明治末期の撮影。後に社名を札幌軌道に転換。動力をガソリン機関車に転換した。「石狩市　21世紀に伝える写真集」（石狩市教委）より転載

す。

さらに1897年（明治30年）、水運を目的とした札幌・茨戸間運河（現在の創成川）が完成。川の港として重要性がより増しました。

1911年（明治44年）、札北馬車軌道株式会社（後の札幌軌道）によって、札幌と茨戸を結ぶ馬車鉄道（馬鉄）が開通します（写真❷）。現在の北7東1から石狩街道を北上するルートで、乗客のほか、水運による物資や沿線で生産された農産物を輸送しました。開通で商店や飲食店、旅館などが軒を並べていた茨戸市街は、さらににぎわったといいます。1934年（昭和9年）、国鉄の札沼南線（後の札沼線）が開通し、札幌軌道は姿を消しました。

篠路や茨戸など石狩川の下流域は、蛇行している上に多くの支流が流れ込み、毎年のように氾濫、人々は洪水の被害に苦しんできました。

石狩川を航行した外輪船・初代上川丸。1908年（明治41年）頃の撮影で、撮影地は不詳。「阿部久四郎翁」（出版者不明）より転載

3

新水路工事で稼働する掘削機。蛇行する石狩川の流れを下流部で直線化する治水工事は、大正から昭和初期まで続き、しゅんせつ船や土砂運搬の機関車を何台も投入する大がかりなものだった。「石狩川治水史」（北海道開発協会）より転載

1898年（明治31年）には空前の大洪水が発生。道庁は計画的な治水事業に乗り出します（写真❸）。

1918年（大正7年）に着工した「生振《おやふる》新水路」は、屈曲した流れを直線的に改修するもので、1931年（昭和6年）に工事を終えます。その結果、茨戸には本流から切り離された三日月湖（茨戸川）が残り、水運の中継点だった茨戸に大きな転機が訪れたのです。

三日月湖の活用は1932年（昭和7年）、札幌軌道が休憩所や貸しボートの設備を整え、遊覧事業に着手したのが始まりといわれます。この事業は同社の後継企業である札幌観江バス、北海道中央バスにも引き継がれ、戦後も水辺の公園、遊園地として多くの市民に親しまれました（写真❹）。隣接する石狩町（当時）側に1969年、茨戸ハワイランドがオープン、営業した

❹

家族連れに人気だった茨戸遊園地。ボート40隻のほか、ゴーカート、ブランコなどがあった。園内には桜、ツツジなどが咲き、花まつりも行われた。1975年5月24日の北海道新聞に掲載

❺

50メートルプールがあり、ハワイアンショーも楽しめた「茨戸ハワイランド」。オープンした1969年の撮影（札幌市公文書館所蔵）

時期もありました（写真❺）。

茨戸は道内有数のボート競技コースとしても知られています（写真❻）。札幌軌道の経営に関わっていた村田不二三氏らが発起人となって1933年（昭和8年）に札幌漕艇《そうてい》協会を設立。翌34年6月に第1回漕艇大会を開きました。1954年国体や国際大会などを経て、茨戸川漕艇研修センターが建設されるなど、整備はさらに進み現在に至っています。

茨戸が再び大きく変わったのは1988年。茨戸遊園地の跡地に建設された「札幌テルメ」のオープンです（写真❼）。プールや大浴場、サウナなどを備え、その後ホテルを併設。都市型リゾート施設は、大きな注目と人気を集めました。しかし、1998年に倒産。現在は、「シャトレーゼ ガトーキングダムサッポロ」に生まれ変わっています。

6

茨戸で1971年に開かれた第2回全道シェルフォア選手権の決勝。北大が優勝し、北海道新聞社杯を獲得した。1971年10月11日の北海道新聞に掲載

7

午前1時までの営業を看板に開業した札幌テルメ。冬の屋外プールは、湯気が漂い幻想的な雰囲気に。1990年1月26日の北海道新聞に掲載

中島公園・菖蒲池

氷上にぎわい 今は昔

冬になると、中島公園の菖蒲池（通称・ボート池）は雪に覆われ、静まりかえっています（写真❶）。

写真❷は1930年（昭和5年）冬の撮影です。左側にアイスホッケー場が写っていますが、これを囲むようにスピードスケートのコースも整備されていました。

北海道のスケートは、札幌農学校（現・北大）の学生たちが、外国人教師の持参した用具を利用し、氷が張った近くの池で楽しんだのが始まりといわれます。菖蒲池でも1900年（明治33年）前後からスケーターが増え始めたという記録が残っています。

リンク整備の本格化は、

❶ 現在の菖蒲池。かつてこの池がスケートリンクとして多くの人でにぎわい、全道大会なども開かれていた時代があったことを知る人は少ない（2018年1月8日撮影）

❷ 冬はスケートリンクとして利用されていた菖蒲池。撮影は1930年(昭和5年)冬。アイスホッケー場なども整備されていた（札幌市公文書館所蔵）

❸ 1962年2月17日の第39回氷上カーニバル。第1回が1925年（大正14年）とすると、戦時中の中止分をカウントしても回数が合わないが、長く市民に愛されたイベントだった。1962年2月18日の北海道新聞に掲載

1921年（大正10年）の札幌スケート協会（後の札幌スケート連盟）設立がきっかけでした。冬期間、協会が札幌区（後の札幌市）から池を借り受けて除雪、整氷し、本格的なリンクを誕生させたのです。以降、スケート場として人々に親しまれ、競技大会の会場ともなり、札幌における冬のスポーツの中心的役割を担うようになるのです。

このリンクでは、当時としては珍しい冬の祭りも始まります。1925年（大正14年）から協会の主催で始まった氷上カーニバルです。現在のハロウィーンのように、仮装した人々がリンクに集まり、さまざまなアトラクションを楽しみました。

氷上カーニバルは毎年2月下旬、スケートシーズンの終わりを告げるイベントとして定着。太平洋戦争による中断をはさんで戦後も続きました。その後、池リンクか

4

1963年2月2日、中島公園の空撮（札幌市公文書館所蔵）。写真右側が薄野方面。公園敷地の右半分に陸上トラックのように見えるところが菖蒲池。写真左下に見える建物は中島スポーツセンター。右隣に中島球場。冬はスケートリンクが設営されている。その西（写真上）には遊園地「子供の国」（1958年開園）があった。遊具は1994年、円山動物園内へ移設、跡地には札幌コンサートホール・キタラができた

ら、池に隣接する中島球場に氷を張った地上リンクに主会場を移しました。写真❸は1962年2月17日に中島球場リンクで行われた氷上カーニバルのにぎわいを伝えるものです。写真❹は1963年冬の空撮、写真❺はこのころの菖蒲池北側の風景です。

中島遊園地の名称で中島公園の造成が始まったのは1886年（明治19年）です。もともとは貯木場だった水面が公園池として整備されました。やがて池の周囲には、南側に競馬場、東側に現在のイベントホールに相当する北海道海陸物産見本陳列場、西側に園芸店でもあった岡田花園、北側に料亭の大中亭などが開業し、公園としての体裁を整えていきました。池には欠くことのできない貸しボートは、この大中亭が始めたものといわれています。

1918年（大正7年）、中島公園を会場に北海道50年

1961年1月21日の記事用に撮影された菖蒲池の北側の景色。写真手前がボート乗り場。正面は料亭の西の宮。西の宮とその北側にあった市立中島中学校が移転した後、1964年に札幌パークホテル（当時はホテル三愛）が建設された（北海道新聞社所蔵）

を記念する大博覧会が開かれました。池の周囲に仮設を含め二十近くのパビリオンが建てられました。そのうちの一つ、池の中の小島に建てられたのが迎賓館（写真❻）です。

現在は都会のオアシスという雰囲気の中島公園。菖蒲池の周囲は時代によって大きく変わってきました。池リンクは「昭和33年（1958年）ごろ廃止」という資料も多いのですが、1960年12月18日の北海道新聞朝刊には「中島公園の池では17日からスケートリンクが店開き」という記事が写真入りで掲載されており、もう少し後まで利用されていたようです。中島球場は夏場は高校野球予選が行われ、冬にはリンクが開設されていましたが、1980年に解体。リンクも姿を消しました。

6

1918年（大正7年）の北海道50年記念博覧会で池の小島に建設された迎賓館。池の東岸と橋でつながっていたこの建物は、博覧会終了後も、札幌では珍しい洋食店「ライオン食堂」として市民に親しまれた。1920年（大正9年）刊「開道五十年記念北海道博覧会事務報告」より転載

池が釣り堀として利用された時期もあった。明治期に大中亭が始めたといわれ、後に市営に移管。写真は1956年4月30日の北海道新聞に掲載された中島公園の市営釣り堀。当時のにぎわいがうかがえる

第3章
市民の暮らし

大倉山

〝虹と雪〟の街、眼下に

大倉山ジャンプ競技場は、1972年札幌冬季五輪に向けて、それまでのジャンプ台を大改修して誕生しました。写真❶は、改修に入る前の最後の大会、1968年3月の宮様スキー大会の様子を伝える写真です。

二つのジャンプ台が並んで写っています。左は80メートル級のジャンプ台だった大倉シャンツェ、右は60メートル級の雪印シャンツェ。今、大倉山ジャンプ競技場がある場所には、かつて二つのジャンプ台がありました。

大倉シャンツェの完成は1931年（昭和6年）にさかのぼります。戦前に予定されていた札幌での冬季五輪を

見据え、当時、ノルウェーの五輪スキーチーム監督だったオラフ・ヘルセットに設計を依頼、旧大倉財閥の大倉喜七郎が建設費を提供することで、日本に世界レベルのジャンプ台が初めて誕生したのです。翌年1月、開場式で大倉シャンツェと命名され、以後、国内最高峰の大会がここで開かれてきました（写真❷）。

　雪印シャンツェが併設されたのは1957年です。既に大倉シャンツェは80メートル級に改修されていましたが、国体競技用に60メートル級のジャンプ台が必要だったのです。

　1972年札幌冬季五輪でも、当初はこの二つのジャンプ台を90メートル級（現・ラージヒル）と70メートル級（現・ノーマルヒル）に改修して使用する計画でした。しかし、併設すると、観客席のスペースが十分に取れないなどの問題が明らかになります。

❶

宮様スキー大会が行われた大倉シャンツェ（左）と雪印シャンツェ。1968年3月11日の北海道新聞に掲載。この後、札幌冬季五輪のための大改修に入った

そこで大倉シャンツェから南へ1キロ離れたところに1970年11月、新設したのが宮の森ジャンプ競技場でした。笠谷幸生、金野昭次、青地清二の3選手が札幌冬季五輪70メートル級ジャンプで、金銀銅のメダルを独占する快挙（写真❸）の舞台は、こうして誕生したのです。

一方、90メートル級ジャンプ台と約5万人収容の観客スペースを有する大倉山ジャンプ競技場も、1971年までに大改修を終えます（写真❹）。現在から考えると驚きですが、当時、ジャンプ台の下からスタート地点に上るリフトはありませんでした。写真❺は1971年のプレ五輪の一コマです。選手たちはジャンプのたびに20分もかけて階段を上っていたのです。大倉山にリフトが開通したのは1982年11月です。

1996年、国際スキー連盟（FIS）のルール改正に

3

札幌の空に「日の丸」3本——。宮の森ジャンプ競技場で行われた札幌冬季五輪70メートル級ジャンプの表彰式。1972年2月7日の北海道新聞に掲載

2

1934年（昭和9年）、大倉シャンツェで行われたジャンプ競技（札幌市公文書館所蔵）

4

大改修を終えた大倉山ジャンプ競技場。1971年2月3日の北海道新聞に掲載

5

1971年に大倉山で開催されたプレ五輪で、競技のために階段を上る選手たち。大倉山ジャンプ競技場は1982年までリフトは整備されていなかった。大観衆が五輪ムードの高まりを感じさせる（札幌市公文書館所蔵）

伴い、ジャンプ台の全面改修が行われることになりました。リフト建設に加え、売店・レストランとして1984年に建設されたクリスタルハウスのオープンで、次第に眺望を楽しむ人々の人気が集まっていましたから、札幌市はさらに観光客を呼び寄せようと、これを機に場内の再整備に着手します。

1998年からの2年計画で、札幌ウインタースポーツミュージアム（現・札幌オリンピックミュージアム）を新設、スタートハウスを建て替えて展望ラウンジを併設、さらにリフトも2人乗りに変更。周辺施設の再整備によって、ジャンプの聖地は、札幌有数の観光名所となりました（写真❻、❼）。

※文中敬称略。ちなみに「シャンツェ」はドイツ語でジャンプ台のことだそうです。

6

観光名所ともなった大倉山ジャンプ競技場。ランディングバーンを囲む建物は右から運営本部、ウインタースポーツミュージアム、クリスタルハウス。2013年1月14日撮影

7

現在の大倉山ジャンプ競技場。2018年1月撮影

手稲山

スキーや登山で人気

札幌西部に位置し、手稲区・西区にまたがる手稲山（標高1023メートル）は、市内のほとんどから望むことができる、市民に親しみのある山の一つです。札幌中心部と距離が近く、北海道における近代的登山や山スキーの発祥の地にもなりました。

札幌農学校（現・北大）初代教頭のクラーク博士が1877年（明治10年）1月、生徒と雪中登山した記録が残っていますし、1926年（大正15年）には北大スキー部が、日本初の本格的な丸太組みの山小屋「テイネ・パラダイス・ヒュッテ」（写真❶）を中腹に建設しています。

麓では軽川《がるがわ》温泉光風館（写

❶ 北大スキー部が建てた初代の「テイネ・パラダイス・ヒュッテ」。1950年代初めの撮影。1994年に再建された。（永野拓也氏撮影、提供）

❸ 1939年（昭和14年）ごろの手稲鉱山。従業員の社宅が立ち並び、学校、郵便局、警察署、病院のほか、映画館や共同浴場も整備され、一大鉱山街が築かれた（茂内義雄氏提供）

真❷）が、にぎわいを見せました。開業は明治の中頃で、場所は現在の富丘6の3付近。竜宮城に例えられるほど豪華な温泉旅館でした。定山渓への交通が便利になるまで、札幌の住民にはより身近な温泉だったといいます。1940年（昭和15年）頃に廃業しますが、戦後の1955年に同じ場所で「手稲温泉北家」が開業、こちらは1975年に営業を終えています。

金山《かなやま》という地名が残っているように、手稲山に金鉱山があったことはよく知られています。発見は明治の中頃で、小規模な採鉱が続いていましたが、1935年（昭和10年）に旧三菱鉱業が経営に乗り出して本格化しました。

生産が飛躍的に増大し、1940年（昭和15年）からの3年間では、当時、日本一の鴻之舞《こうのまい》金山（紋別市）に次ぐ全国2位の産金量を誇りま

❷

札幌近郊屈指の温泉旅館だった「軽川温泉光風館」。初夏のスズラン狩りや山菜採り、秋の紅葉、冬のスキーと四季折々に行楽客が訪れた（茂内義雄氏提供）

❹

1965年末に営業を開始したテイネオリンピアスキー場。初心者からベテランまで楽しめるゲレンデとして人気を呼んだ。1967年12月16日の北海道新聞に掲載

した。これに伴い鉱山周辺には社宅などが立ち並び、約6千人だった手稲村の人口は約1万3千人へ倍増したといいます（写真❸）。戦後は生産規模を縮小し、1971年に閉山します。

一方、手稲山には新しい開発の波が押し寄せます。口火を切ったのは放送局でした。北海道ではNHKの1956年を皮切りにHBCが1957年、STVが1959年とテレビ放送が始まります。このときNHKとSTVが、大通のテレビ塔を利用したのに対し、HBCは手稲山頂に送信所を設けます。

当初、道路建設に取り組んだHBCは、手稲山に広大な敷地を所有する三菱金属鉱業（現三菱マテリアル）と組んで、新事業に着手します。1965年にテイネオリンピアスキー場、1966年以降は遊園地、ゴルフ場、フィー

5
テイネオリンピア遊園地がオープンした1966年9月5日の北海道新聞に掲載。ゴーカートやティーカップ、バズーカ砲などが楽しめた。1973年にはジェットコースターを新設した。2010年から休園

6
1972年の札幌冬季オリンピック最終日の2月13日、人気の男子回転を見ようと、手稲山に詰めかけた人々。トップレーサーの滑りに歓声がわいた。同日の北海道新聞夕刊に掲載

ルドアスレチックコースなどを設け、一大レジャーランドとして整備を進めます（写真❹、❺）。

　さらに、手稲山の人気を後押ししたのは、1972年の札幌オリンピックです（写真❻）。頂上付近の斜面はアルペン競技（回転、大回転）会場となり、ボブスレー、リュージュの会場も設けられ、全国から注目を集めます。

　その後、手稲山ではアルペン競技会場の跡地に開設されたテイネハイランド、そしてテイネオリンピアと二つのスキー場が人気を競い合います。ただ、1980年代以降、スキー人口が減少、経営的には苦しい時代に入ります。そのため2002年には加森観光が二つのスキー場を取得。その後、統合して「サッポロテイネ」と改称しました。設備の更新に取り組むなど、人気回復に向けて歩みを進めています（写真❼）。

ヒュッテ1階で食事するスキー部員たち（永野拓也氏撮影、提供）

7 加森観光が運営する「サッポロテイネ」スキー場。（2020年10月撮影）

8 北大スキー部OBで北区在住の永野拓也さんに、「テイネ・パラダイス・ヒュッテ」の思い出を聞きました

ヒュッテの思い出

北大スキー部OBで北区在住の永野拓也さん（写真❽）に、「テイネ・パラダイス・ヒュッテ」の思い出を聞きました。

　私は1953年（昭和28年）の卒業。山スキーで青春を謳歌《おうか》しました。北大スキー部は「競技班」と「山班」に分かれ、私は「山班」。ヒュッテは、土曜・日曜は一般のスキーヤーも使っており、山班の部員が「小屋番」と称して、交代で泊まり、一晩中ストーブをたきました。雪下ろしやまき運び、遭難者を助けたこともあります。当時、札幌東高のスキー部とよく一緒に滑りました。小屋で食事をしたり、ときにはダンスをしたことも。

　卒業後、時間があると手稲山に行っていました。オリンピックの後、たまたま山頂で三浦雄一郎さんと会い、男子大回転コースの横の林を一緒に滑り降りたこともありましたね。

札幌の年の瀬

にぎわう昭和の年の瀬

北海道新聞社は、紙面に掲載した膨大な写真を保管しています。今では見ることができない貴重な写真も少なくありません。今回は昭和の年の瀬の懐かしい風景をセレクトしました。

かつて多くの家庭ではミカンの箱買いが当たり前でした。写真❶は札幌の青果問屋に入荷した正月用ミカンの積み込み作業。年の瀬の慌ただしさが伝わります。年末、おなじみの光景といえばデパートの玩具売り場があります（写真❷）。羽子板やたこ、かるたが並び始めると正月はもうすぐそこ。デパート関係では、初売りの福袋づくりも欠かせません（写真❸）。

1

青果問屋の倉庫は、本州から入荷したミカンが山のよう。記事には「今のところ紀州ものがほとんどだが、もうすぐ四国や静岡からも、ミカン列車が続々くる」とある。1957年12月2日掲載

2

正月気分が漂うデパートの羽子板売り場。売れ筋は千円前後という。すごろくや子どもかるたは、「スーパージェッター」「オバQ」などに人気が集中。いずれも100～200円。1965年12月14日掲載

3

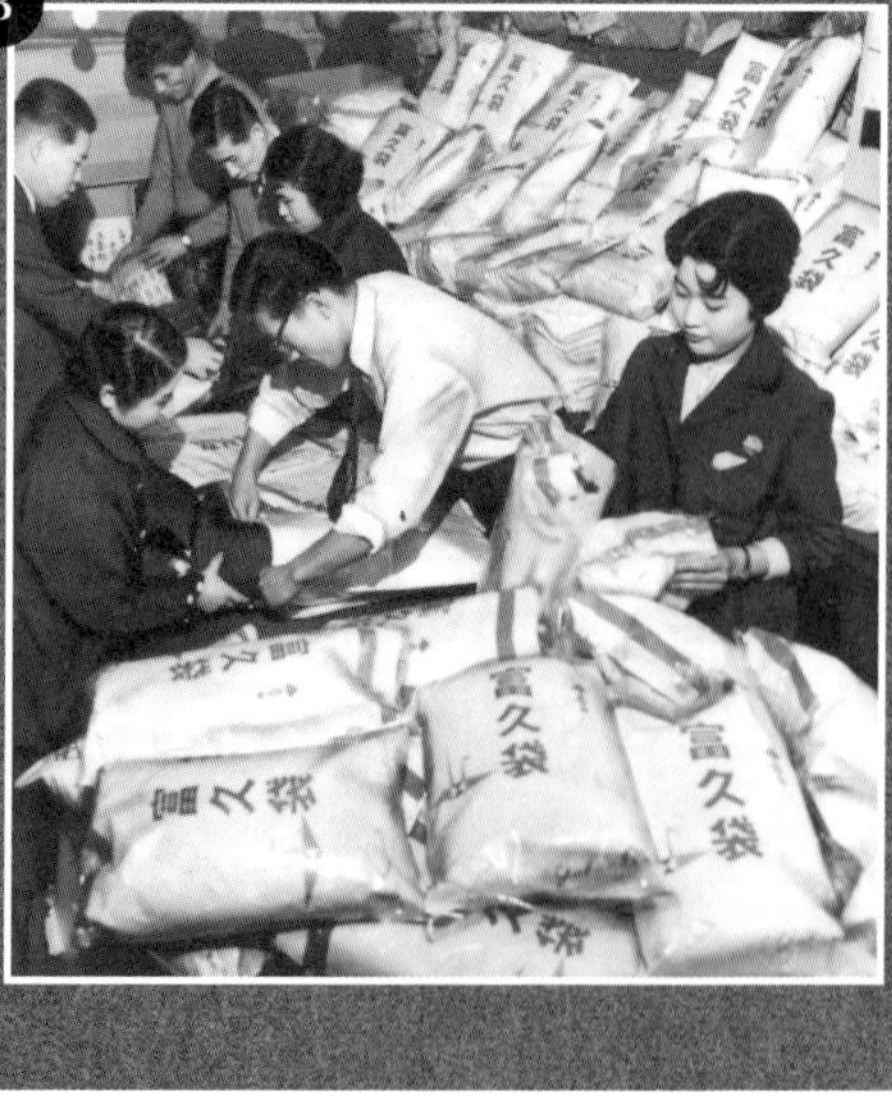

デパートの福袋作り。写真は五番館（2009年、札幌西武として閉店）。千円、2千円、3千円を取り混ぜ計千個を用意した。記事によると、三越も計千個を用意。丸井今井は以前客が殺到しけが人が出る騒ぎになったので、福袋に替わる「宝市」で格安品をバラ売りする、とある。1958年12月31日掲載

昭和のクリスマスイブは今とは大きく違いました。ススキノのキャバレーでは高額のクリスマス券が飛ぶように売れ、ダンスホールなども大にぎわい（写真❹）。大人たちの騒ぎがなりをひそめたのは1970年代以降といわれています。

　年賀状の仕分けや配達など、郵便局では学生のアルバイトが活躍（写真❺）。札幌中央郵便局では年末年始、千人もの学生が短期アルバイトをしたといいます。現在は仕分けの機械化も進み、働く人員も大幅に減少しているようです。デパートの歳末商戦では高校生が売り場に立ちました（写真❻）。

　正月に欠かせない餅は、昔は多くの家庭がつき（写真❼）、鏡餅からのし餅まで全て自分たちで用意していました。それが餅屋に依頼する「賃餅」に変わり、パックの餅を購入する時代へ変化していき

4

クリスマスイブのススキノは、どこも混雑。写真はダンスホールで、「二百円で終夜とう酔するアベック組でいもを洗うよう」とある。1956年12月25日掲載

5

年末は、学生たちも貴重な戦力だ。札幌中央郵便局で、年賀状の仕分け作業に忙しい学生アルバイトたち。1960年12月29日掲載

6

デパートの歳末商戦では、女子高校生がアルバイトで売り場に立った。1964年12月15日掲載

ました。

　年の瀬が押し迫るとしめ縄などを売る「年の市」が店開きします。写真❽の後方にテレビ塔が写っていることからも分かるように、札幌の年の市といえば戦前から創成川河畔でした。札幌まつりの屋台同様、現在は中島公園に移っています。

　狸小路の歳末大売り出しと現金つかみ取りは市民におなじみです（写真❾）。1949年12月に百円札つかみ取りとして始まり、千円札、1万円札など形を変えながら、開催されてきました。

　新型コロナウイルスの影響で、かき入れ時の商店街、飲食店にとって厳しい年の瀬が続きました。1日も早くコロナ禍を乗り越え、希望に満ちた新年を迎えたいものです。

7

家庭での餅つき。1953年12月21日掲載

8

創成川河畔に店開きした「年の市」。「札幌松飾商組合」の露店約50軒がにぎやかに並んだ。記事には「ごぼうじめ200～1500円、宝船350～800円、マユ玉200～千円」とある。1962年12月26日掲載

9

狸小路商店街にどっと繰り出した人波。現金のつかみどりに笑いが広がる。1986年12月1日掲載

雪まつりと大雪像

冬の芸術　人々を魅了

2021年、2022年の「さっぽろ雪まつり」は、コロナ禍で中止になりました。人気の大雪像などの歴史をたどり、さっぽろ雪まつりの魅力を再発見してみようと思います。

第1回の雪まつりは1950年。市内の中高生が6基の雪像を製作したのが始まりです（写真❶）。第4回（1953年）には早くも高さ15メートルの雪像が登場し、人気を集めます（写真❷）。第6回（1955年）からは自衛隊が雪像製作に参加（写真❸）。雪像のラインアップは次第に充実します。節目の第10回（1959年）は3日間の人出が計55万人と盛況で

❶ 第1回（1950年）「ミロのヴィナス」 市内の3高校、2中学の生徒らが高さ3～5メートルの雪像6基を製作し展示。歌謡コンクール、スクエアダンス、ドッグレースなども行われた

❷ 第4回（1953年）「昇天」 伏見高（現札幌工業高）が製作。高さ15メートルの大作は市民の度肝を抜き、雪像巨大化の先駆けとなった。伏見高は全校生徒を動員。延べ千人が夜中まで、たき火しながら造った

❸ 第6回（1955年）マリア像「栄光」 自衛隊の初の作品は高さ10メートル。この年、雪像の数は22基まで増えた。まつりは2月27、28日で、観客は27日だけで10万人

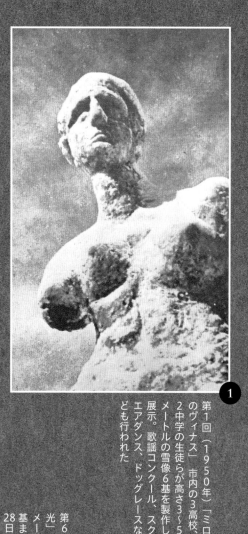

した（写真❹）。

第23回（1972年）は、札幌冬季五輪直前の開催。大通、真駒内会場とは別にオリンピック会場を設け、高さ25メートルの大雪像「ガリバーようこそ札幌へ」が登場しました（写真❺）。これは雪まつり史上、最大規模の雪像です。

冬季五輪で札幌を訪れた海外メディアによって、雪まつりは世界に知られるようになります。海外の著名な建造物をテーマにした大雪像（写真❻）や、時代のニュース、おとぎ話、伝統芸能など多彩なテーマの雪像（写真❼、❽、❾）も続々と展示され、市民や観光客の人気を高めました。

異例だったのが、第30回（1979年）を記念して製作された「雪の女神」（写真❿）。世界的な芸術家、故岡本太郎にデザインを依頼したのです。現役の芸術家による雪像製作は初めてでした。

4

第10回（1959年）「南極船宗谷」テレビなどで雪まつりが全国に紹介され、2月6～8日の観客は55万人。大雪像が人の波に浮かぶ

5

第23回（1972年）「ガリバーようこそ札幌へ」海外から訪れる五輪選手団を歓迎するため、真駒内のオリンピック会場に設置された。1月27～30日の観客数は121万人

6

第27回（1976年）「アメリカンスクエア」アメリカ建国200年にちなんだ。この時期から「モナリザと凱旋（がいせん）門」（第25回）、「ウィーンの広場」（第26回）、「ミュンヘン広場」（第28回）など海外の建造物の大雪像が続々と登場している

真駒内は第16回（1965年）から正式に第2会場に指定され、雪に触れ遊ぶ滑り台雪像などが家族連れの人気を集めてきました（写真⓫）。第56回（2005年）を最後に40年の歴史に幕を下ろし、第57回（2006年）からは「さとらんど」が第2会場に。さらに第60回（2009年）からは「つどーむ」に変更されました。大通会場でも新しい試みが始まっています。その一つがプロジェクションマッピングとのコラボ（写真⓬）。雪像の楽しみ方も時代とともに進化してきました。

写真❶～❿は、「さっぽろ雪まつり20年のあゆみ」（札幌市）、「さっぽろ雪まつり30年史」（同30年史編集委員会）、「創造　さっぽろ雪まつり40回記念写真集」「第50回さっぽろ雪まつり記念写真集」（いずれもさっぽろ雪まつり実行委員会）より転載

7

第19回（1968年）
「歌舞伎十八番・暫（しばらく）」

8

第21回（1970年）
「人類月に立つ」

9

第28回（1977年）
「八またのおろち」

10

第30回（1979年）「雪の女神」 70年大阪万博の「太陽の塔」で話題を集めた芸術家、故岡本太郎にデザインを依頼し、札幌工業高OBが製作した

11

第40回（1989年）「のび太の日本誕生」 この年のキャラクター雪像はほかに、「おそ松くん」「ドラゴンクエストIII」も。40回目を記念して真駒内会場は夜間開放された。1989年2月5日の北海道新聞に掲載

12

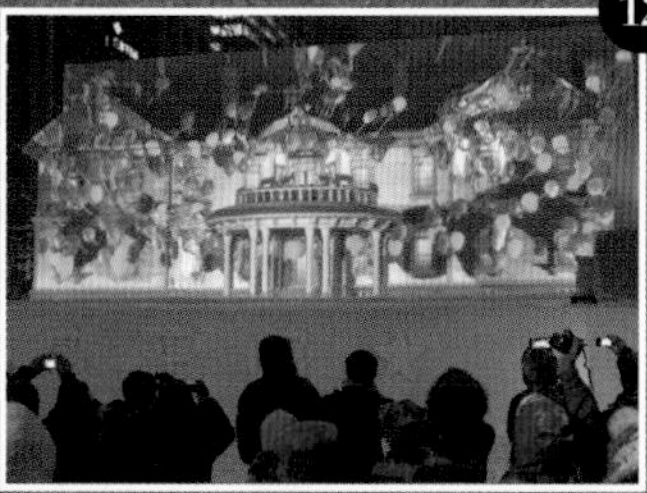

第64回（2013年）では大雪像「豊平館」に映像を投影する「プロジェクションマッピング」が話題を集めた。2013年2月5日の北海道新聞に掲載した試験投影の様子

スキーとスケート
北大起点にブーム

冬のスポーツの代表であるスキーとスケートは、ともに札幌が国内の草分け的存在です。札幌農学校（後の北大）が「東北帝国大学農科大学」となった翌年の1908年（明治41年）、ドイツ語講師としてハンス・コラーがスイスから来日し、故国からノルウェー式スキーを取り寄せ、学生に教えたという記録が残っています。これは日本のスキー発祥の地・新潟県高田（現・上越市）で、オーストリアのレルヒ少佐がスキーを指導した時期より前のことです（写真❶）。

スケートは1877年（明治10年）、札幌農学校の教師として来日したウィリアム・

❶

札幌の農科大生による1本杖スキーの練習。1917年（大正6年）頃の撮影。レルヒ少佐が日本に初めて紹介したのはこの1本杖スキー（北大付属図書館所蔵）

❷

中島公園リンクでの女性スケーター。1924年（大正13年）1月24日の小樽新聞（北海道新聞社の前身）は、20日に中島公園の池で開かれた謝肉祭に出場した「スケート協会の女子連」として、この写真を載せた（札幌市公文書館所蔵）

ブルックスが米国から持参し、構内の小川の氷で滑ったのが始まりといわれています。1891年（明治24年）には農学校2期生の新渡戸稲造が、靴に取り付けるスケート3足を米国から持ち帰り、学生たちが借りて盛んに滑りました。氷の張った池や小川でスケートを楽しむ人も増え、1921年（大正10年）に札幌スケート協会（後の札幌スケート連盟）が発足。札幌区（後の札幌市）から中島公園の池を借り受けて、本格的なリンク整備を行うようになります（写真❷）。

さらに昭和に入ると、池の氷結を利用するだけでなく、冬季の散水によるリンク作りも始まります。やがて整氷技術の改良も進み、市内のどこでもスケート場を開くことが可能になりました。大通公園にスケートリンクが開設されていた時期もあります（写真❸、❹）。中島球場に毎冬

3

男子スピードスケート世界選手権大会が開かれた1954年、市民のスケート熱をあてこんで大通西5丁目に開設された市内初の民営スケートリンク。中島公園のリンクより割安だったという。1954年1月14日の北海道新聞に掲載

開設されていた市営リンクは人気のスケート場でしたが、1980年の球場解体で歴史を終えています。現在も円山スケート場として親しまれている、陸上競技場を利用した屋外リンクでは1954年にアジアで初の男子スピードスケート世界選手権大会が開かれました（写真❺）。

一方、大正から昭和にかけて市民が楽しむスキーゲレンデは、市街地から近い三角山からなまこ山、荒井山、そして円山の南斜面や双子山に連なる丘陵地帯が人気でした。

戦後になると宅地化の波が押し寄せ、多くがスキー場としての役目を終えますが、代わって人気を集めたのが市内中心部からも近い藻岩山、荒井山の二つの市民スキー場です（写真❻、❼）。市内小中学校のスキー遠足でもよく使われたゲレンデでした。

1972年に札幌オリンピックが開催されます。これ

大通西12丁目に開設されたスケートリンクは家族連れに人気だった。撮影は1980年1月2日で、この日がオープン初日だったという（札幌市公文書館所蔵）

1954年に開催された男子スピードスケート世界選手権大会（北海道新聞社所蔵）

を機にスキーやスケートを楽しむ環境は大きく変わります。多くの施設が新設され冬のスポーツはより身近なものになります。その中で人気を集めるようになったのが歩くスキーです。中島公園などにコースが新設され、スキーマラソン大会も開催されるなど、健康づくりのために多くの市民が楽しんでいます（写真❽）。

❺ 1954年1月16、17日、円山競技場特設リンクで男子スピードスケート世界選手権大会が開催。アジア初のスケート世界大会で、6カ国の選手が参加した。北海道新聞は、熱気に包まれた大会の様子を1面のトップ記事や社会面、写真特集などで伝えた（1954年1月17日の紙面より）

❻ 正月から、多くのスキーヤーでにぎわう藻岩山市民スキー場。1966年1月4日の北海道新聞に掲載。この写真を撮影した1月3日には延べ1万人が訪れ、記事には「広いスキー場はイモの子を洗うよう」とある

❼ なだらかな斜面も多く家族連れなどにも人気だった荒井山スキー場。1955年11月27日の北海道新聞に掲載。1956年にはスキーリフトが整備された。2000年にジャンプ台以外の施設の利用は終了

❽ 西岡距離競技場で開かれた第1回札幌国際スキーマラソン大会。歩くスキーを主体とした国内では初のイベントで、1000人以上が参加した。1981年3月9日の北海道新聞に掲載

本書は、北海道新聞の地域情報版「さっぽろ 10区」に 2017年 1月から 2021年 2月まで連載された「さっぽろ写真帳」に写真を加え再構成し、単行本にしたものです。

[編者]
北海道新聞社

[本文執筆]
中舘寛隆
井上浩二／定山渓鉄道 石切山駅(58～61)、簾舞と通行屋(108～111)
伊藤由起子／硬石山(112～115)、南沢のラベンダー(120～123)
伴野卓磨／平岸リンゴ(104～107)

[ブックデザイン・装丁]
江畑菜恵(es-design)

札幌むかし写真帖

2022年 8月 1日初版第 1刷発行
編　者　北海道新聞社
発行者　近藤　浩
発行所　北海道新聞社
〒060-8711　札幌市中央区大通西 3丁目 6
出版センター　編集　011・210・5742
営業　011・210・5744

印　刷　中西印刷株式会社

ISBN 978-4-86721-069-7